高等职业教育“十二五”规划教材

全国高职高专道路与桥梁工程技术专业系列规划教材

沥青路面施工

王淑红　杨　平　主　编
李晓彤　丁烈梅　副主编

科学出版社
北　京

内 容 简 介

本书共分为四个单元，主要内容包括沥青路面施工概述、沥青路面常用材料要求、沥青路面施工机械设备和沥青面层施工及质量控制，从沥青路面施工准备、原材料控制、施工机械生产率计算和选型以及路面各个层位施工和质量控制等几个方面对路面工程施工进行阐述。

本书注重理论联系实际，加大了实践力度，每个项目后附有复习思考题，有的还附有习题及一定量的实训内容，同时结合项目化教学，实施教、学、练、做一体化，内容新颖、层次分明、结构有序。

本书可作为高职高专院校道路与桥梁工程技术、市政工程技术、工程监理、高等级公路维护与管理等专业及其相关专业的教学用书，也可供从事道路桥梁工程施工的技术人员参考。

图书在版编目（CIP）数据

沥青路面施工/王淑红，杨平主编．—北京：科学出版社，2011
（高等职业教育“十二五”规划教材·全国高职高专道路与桥梁工程技术专业系列规划教材）
ISBN 978-7-03-030516-9

Ⅰ.①沥…　Ⅱ.①王…　②杨…　Ⅲ.①沥青路面-施工技术-高等职业教育-教材　Ⅳ.①U416.217

中国版本图书馆 CIP 数据核字（2011）第 039246 号

责任编辑：彭明兰/责任校对：王万红
责任印制：吕春珉/封面设计：曹　来

科学出版社 出版
北京东黄城根北街 16 号
邮政编码：100717
http://www.sciencep.com

北京鑫丰华彩印有限公司印刷
科学出版社发行　各地新华书店经销
*
2011年6月第　一　版　开本：787×1092　1/16
2011年6月第一次印刷　印张：11　1/4
印数：1-3000　字数：255 000

定价：20.00 元

（如有印装质量问题，我社负责调换〈鑫丰华〉）
销售部电话 010-62134988　编辑部电话 010-62132124（VA03）

前言

本书是全国高职高专道路与桥梁工程技术专业系列规划教材之一。本着“加大课程建设与改革的力度，增强学生的职业能力”的精神，围绕加强高等职业院校学生的实践能力和职业技能培养、推进精品教材的建设工作，以及根据高职专业课程体系改革与建设的要求，我们编写了本书。

随着我国经济的快速发展，我国的公路交通建设将仍然保持高速发展的趋势，在这种形势下，国家对道路与桥梁工程施工、管理和检测的要求也越来越高，对道路与桥梁工程人才的培养和培训也提出了更高、更明确的要求。

本书选材新颖，知识系统完整，结构层次分明，内容通俗易懂，每个单元均穿插了大量的工程实例分析，并附复习思考题，有的单元还有习题及实训内容。因此，本书是一本特色鲜明的教材。

本书具体编写分工如下：昆明冶金高等专科学校杨平编写单元1，黄河水利职业技术学院王淑红编写单元2，黑龙江建筑职业技术学院李晓彤编写项目3.1～3.3，黄河勘测规划设计有限公司测绘信息工程院李明编写项目3.4，黄河水利职业技术学院贾春燕编写项目3.5和项目3.6，山西交通职业技术学院丁烈梅编写单元4。王淑红负责全书的统稿工作。

由于时间仓促及编者水平有限，书中难免有不足之处，恳请读者及时将意见和建议反馈给我们，以便修改完善。

目录

单元 1

沥青路面施工概述

教学目标

1. 能够从路面工程特点分析路面性能要求
2. 能够从路面的细部构造、等级、分类的要求进行路面层位结构选型并绘制简图
3. 掌握沥青面层施工工艺流程
4. 掌握沥青面层施工组织程序
5. 了解沥青面层施工组织机构

项目 1.1 沥青路面施工简述

教学目标

1. 了解我国公路路面的发展历史
2. 了解路面工程的特点及对路面性能的要求

1.1.1 我国公路路面发展过程

随着社会经济和交通量的发展，路基路面工程技术也在不断发展。古代的路面主要以条石、块石或石板等铺筑，其强度低、平整度差，只能供马车和人力车通行。20世纪初，第一辆汽车在德国诞生，才开始铺筑真正意义上的供汽车行驶的现代路面。20世纪20年代初，汽车进入我国后，我国开始铺筑砂石路面，并在少数大城市开始铺筑沥青、水泥混凝土和块料等高级和次高级路面。但是直到1949年新中国成立前夕，我国也仅有高级和次高级路面315km。新中国成立后，尤其是改革开放后的三十多年来，我国高等级公路建设蓬勃发展，截至2008年，我国公路通车总里程达373.02万km，2009年全国新增公路通车里程9.8万km，高速公路通车里程已突破6.5万km。按照我国2005年公布的高速公路网发展规划，到2020年将基本建成国家高速公路网，届时，我国高速公路通车总里程将达10万km。高等级公路的建设不断地推动着路面工程技术的进步和发展。

1. 路面材料和结构

我国路面材料和结构的发展大致经历了3个阶段。

(1) 第一阶段

第一阶段以恢复原有的公路和加快建设一些干线道路，以及解决通车问题为特征。这个阶段的特点是：a. 公路交通量小、车辆轴载小，路线和路面等级低，主要以中级路面解决晴雨通车问题为主。b. 路面施工水平较低，主要采用当地各种粒料、人工砸制碎（砾）石、软质石料、碎砖、碎石土等铺筑路面。c. 路面结构主要是泥结碎石和级配碎（砾）石路面，路面厚度为10cm左右。常见路面及其结构如图1.1～图1.3所示。

(2) 第二阶段

在第二阶段公路里程快速增长。该阶段以改善路面行驶质量、提高车速、减轻养护为特征。在这个阶段，随着交通量的增长，我国开始推行使用渣油表面处治。早期的渣油表面处治大多直接铺筑于泥结碎石和级配碎（砾）石基层之上，由于它的铺筑阻止了路面基层材料和土基中水分的蒸发，使得这一结构的强度、刚度和稳定性受到影响，使路面容易产生变形和破坏。为了提高和保证基层的水稳定性，随后研制了泥灰结碎石和级配砾石掺灰，一些道路开始试用水泥稳定砂砾和水泥稳定碎石，有些地区采用了含土量和塑性指数均符合规范严格要求的级配碎（砾）石和干压碎石，从而提高了路面基层强度和水稳定性，延长了渣油表面处治的使用寿命。这个阶段路面结构的代表是渣油表面处治和石灰土基层路面。常见路面及其结构如图1.4～图1.6所示。

图1.1 泥结石路面

图1.2 砂石路面

图1.3 泥结碎石或级配碎石路面结构

图1.4 渣油路面

图1.5 表面处治路面

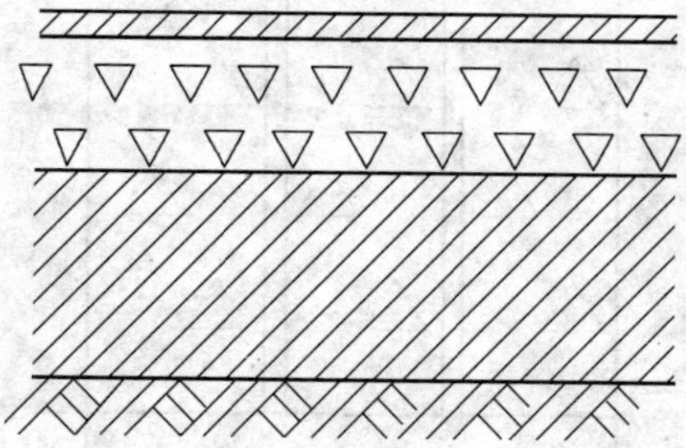

图1.6 表面处治路面结构

（3）第三阶段

在第三阶段交通量迅速增长。该阶段以提高路线和路面等级、改建和新建高等级公路、开始建设高速公路为特征。由于交通量大，车辆轴载及重车比例增大，我国开始采用沥青铺筑较厚的贯入式面层、沥青碎石面层和沥青混凝土面层。在高等级公路上，则进一步要求采用质量好的沥青铺筑优质沥青混凝土面层，以提高路面的使用性能和耐久性。与此同时，由于水泥混凝土路面强度高、稳定性好、耐久性好，而且能很好地适应重载、高速、大交通量的要求，因而在一些城市道路、工矿道路、机场跑道已大量修筑了水泥混凝土路面。在高等级公路建设中，水泥混凝土路面里程也在迅速增长。这个阶段的路面基层材料，尤其是高等级公路路面基层，要求采用新的、强度更高的材料和施工工艺，采用无机结合料和工业废渣稳定集料或稳定土的所谓半刚性基层成为路面基层的突出代表。除少数水泥混凝土路面外，目前国内高等级公路大多采用半刚性基层沥青路面这一结构形式。常见路面及其结构如图 1.7 和图 1.8 所示。

图 1.7　高速公路路面

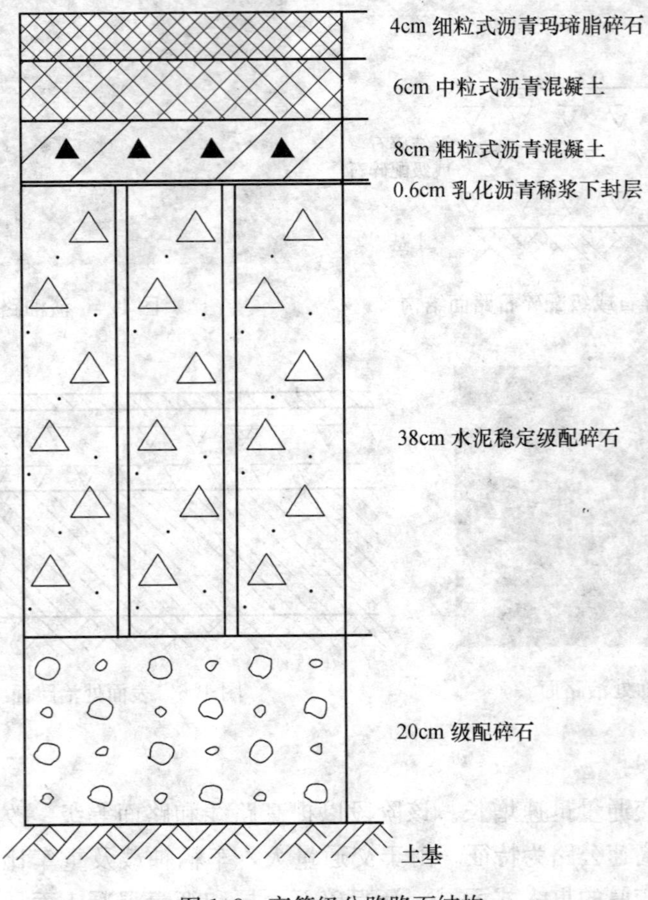

图 1.8　高等级公路路面结构

需要指出的是，随着交通量的不断增长、车速的不断提高和轴载的明显增大，对沥青路面强度、抗车辙和低温收缩等变形性能、沥青路面上行车的安全和降低噪声的要求也越来越高。因此，一些新的沥青混合料或新的表面层结构已经开始推广应用，如沥青玛𤧛脂碎石混合料（SMA）和多孔隙沥青混凝土或开级配磨耗层等。

2. 路面设计理论与方法

路面设计理论与方法经历了从经验法到理论法的发展过程。我国自20世纪70年代开始研究适合我国国情的理论设计法，并取得了系统实用的成果，如柔性路面设计采用以多层弹性层状体系理论为基础，以路表回弹弯沉值为设计控制指标，并对层底弯拉应力和上层破裂面剪应力进行验算的设计方法。刚性路面设计采用弹性半无限地基上小挠度薄板理论为基础，以混凝土疲劳强度为控制指标，采用有限元位移法分析结果进行设计。目前，我国已制定出一套适用于我国实际情况的沥青路面和水泥混凝土路面的设计方法和设计参数，它们随着高等级公路的建设不断地在实践中得到完善。为了使我国的路面结构设计能适应交通参数和结构参数不可避免的变异性，使路面设计与路面施工有机地结合起来，实现路面结构设计和计算从传统定值型向概率型转变，国家“八五”重点科技项目——“沥青路面结构的可靠性研究”和“水泥混凝土路面结构可靠性的研究”圆满完成并取得了重大成果。今后，在路面设计理论方面，我们可以应用弹、黏、塑性体系理论对沥青路面结构进行分析研究，同时考虑路面环境因素、材料、造价、使用性能评价、寿命估计、维修管理、运输效益等因素，把它们有机结合起来作为一个总的设计系统，运用电子计算机技术以获得更为优化和技术经济合理的路面设计结果。

3. 路面施工技术

近年来，随着高等级公路的建设，路面施工设备、工艺方面也有了很大发展。“七五”、“八五”期间，我国沥青路面施工机械的发展尤为突出。我国生产的400t/h稳定土厂拌设备和稳定土拌和机，240t/h沥青混凝土搅拌设备，8m摊铺宽度、高宽度沥青混凝土摊铺机，沥青洒布车，沥青稀浆封层机等产品，其技术水平已达到20世纪90年代初的国外水平。沥青路面施工已实现了各机械设备合理地选型配套，有机地组合在一起，进行科学的组织管理，并已实现沥青路面施工的机械化。水泥混凝土路面施工技术发展也较快，从传统的小型机具施工到目前高等级公路建设中的轨道式摊铺机施工、滑模式摊铺机施工，以及新的施工工艺如水泥混凝土路面真空吸水工艺等，不仅提高了施工生产效率，而且保证了水泥混凝土的质量。

4. 路面测试与评价技术

在路面测试方面，各公路与城市道路部门研制了多种路面检测仪器装置，其中包括弯沉仪、曲率半径仪、平整度仪、摩擦系数仪、透水仪等，并制定了不同类型路面现场测试规程以及验收技术规范。此外，沥青混合料的路用性能，如流变、低温收缩、抗老化、高温抗车辙和低温抗裂性能等试验方法和性能评价技术也取得了良好的成果。

随着科学技术的进步，一些更快捷、准确、简便、先进的检测新技术也开始在路基路面工程中推广使用。例如，用于弯沉检测的自动弯沉仪和落锤式弯沉仪，用于平整度检测的颠簸累积仪和激光平整度仪，用于抗滑性能检测的横向力系数测定车和测定路面构造深度的激光构造深度仪，用于路面厚度无损检测和探伤的路面雷达测试系统等。在路面检测技术发展的同时，近年来路面评价与路面养护管理系统的研究已取得较大成果，并应用于实际工程中。

1.1.2 路面工程特点

同其他工程结构物相比，路基和路面结构具有许多不同的特点。

1. 不确定性

(1) 土基

道路沿线的地形、地质和水文等自然条件往往变化很大，即使在较短的路段内路基的填挖情况、石质和土质以及水文条件仍会有较大的差别，从而使土基的物理和力学性质有很大的变异。

(2) 路面材料

组成路面各结构层的是不同来源和不同性质的材料，按不同方式和配比组合而成的混合料。这些混合料的力学性质受料源和材料生产状况（非工厂化生产）的影响变异性很大。

(3) 环境

路面结构所处的环境（包括气候、水文和路基支承条件）复杂多变，而路面结构层和混合料的力学性质对环境条件的变异又十分敏感，这就更加剧了材料和结构性状的变异性。

(4) 荷载

作用在路面上的行车荷载，无论是质量、频率和数量都是因时因地而变的随机变量。

综上所述，路面是一种本身性质变异很大而又在复杂环境和条件下工作的结构物，其不确定性既有随机的又有模糊的。因此，在设计、施工和养护工作中很难准确把握，而在相当大程度上必须依赖于经验。国内外大都主张路面结构设计采用力学—经验法，故问题转化为两者分寸的把握。

2. 可变性

(1) 衰变

路面的使用性能在使用过程中逐渐变差。路面使用性能的衰变速度取决于外因

(交通和气候条件)和内因(路面结构、施工质量和养护水平等)。结构能力越弱，施工质量越差，养护水平越低，则使用性能衰变的速率越快。

(2) 养护

当使用性能恶化到某一预定的最低水平时，便需采取改建或重建措施，以恢复和提高其使用性能。在预定的设计期内，路面结构应及时大修或中修。

(3) 相互影响

设计时，必须充分考虑和反映现有的施工和养护条件所能达到的水平。否则，实际使用性能将达不到设计所预期的性能，从而增加养护和改建工作和投资。施工和养护时，也必须充分考虑并实现设计时所提出的施工和养护水平要求。否则，同样也会增加设计期内的养护和改建工作和投资。

3. 复杂性

路基路面是一种复合结构。结构在荷载和自然因素作用下的应力和变形状况以及使用性能同复合结构的组成情况有关，同时也同各组成部分的材料性状有关。路基和路面材料的性状往往是非线性的，是应力(应变)水平及温度和湿度的函数，这就要求结构分析和设计时要综合考虑在特定荷载和自然条件下结构组成和材料性状的相互影响，不能把材料性状固定化而单独考虑结构组合，也不能脱离有关组成部分在结构中所处的位置来分析材料的性状。因而，按简化力学模型进行路面结构分析，指导工程实践是有效的、必要的，然而模型的正确选择与依赖于经验的补充也是重要的。

基于交通运输在现代社会经济发展中的重要地位，针对具有不确定性、可变性和复杂性特点的路面工程，宜发展为采用基于信息论、系统论、控制论的系统设计方法。从横向看，系统的关键在温度场、湿度场和应力场的耦合；从纵向看，系统设计应以路面结构的长期使用性能为基础。系统设计以信息为依据，以控制为目的。路基和路面的设计、施工、养护和监测是一个相互关联和相互依存的系统。对于重交通宜采用承载能力较强的结构和保证优良的施工质量，以花费较高的初期修建费获取较长的使用寿命、较少的改建费用、较好的使用性能和较省的使用费用；对于重要性较低的工程则宜采用初期较弱的结构，以节省初期修建费，并随着交通量的发展，采取加强养护、分期修建的技术对策。作为国家命脉的高速公路干线网，以考虑永不大修为原则，要求路面结构有深层次的系统设计。

1.1.3　路面性能要求

路面是在路基表面上用各种不同材料或混合料分层铺筑而成的一种层状结构物，它不仅要满足汽车在道路上能全天候地行驶，而且要保证汽车以一定的速度安全、舒适而经济地运行。

路面工程是道路建设中的一个重要组成部分。路面的好坏直接影响行车速度、运输成本、行车安全和舒适，如沥青路面比起砂石路面来，行车速度一般可以从 30km/h 提高到 50～60km/h，油耗降低 15%～20%，轮胎行驶里程增加约 20%，运输成本下降 18%～20%。同一类型路面，因施工和养护质量优劣，也会使运输效率与成本及服务质量产生很大差异。同时，路面在道路造价中占很大比重，一般高级路面要占道路投资的 60%～70%，低级路面也要占 20%～30%。因此，修好路面，对发挥整个道路运输的经济效益具有十分重要的意义。

为了保证道路行车畅通，行车安全性提高、舒适性增强，运输成本和使用年限延长，要求路面应具有下述性能。

1. 强度和刚度

汽车在路面上行驶，通过车轮把垂直力和水平力传给路面，水平力又分为纵向的和横向的两种。此外，由于汽车发动机的机械振动和悬挂系统与车身的相对运动，路面还会受到车辆的振动和冲击力作用。在车身后面还会产生真空吸力作用。

在上述各种外力的综合作用下，路面结构内会产生不同大小的压应力、拉应力和剪应力。如果这些应力超过路面结构整体或某一组成部分的强度，则路面会出现断裂、沉陷、波浪和磨损等破坏，这就会影响道路的使用质量，严重时还可能中断交通。因此，路面结构整体及其各组成部分必须具备足够的强度，以抵抗在行车作用下所产生的各种应力，避免破坏。

所谓刚度，是指路面抵抗变形的能力。路面结构整体或某一组成部分刚度不足，即使强度足够，在车轮荷载作用下也会产生过量的变形，形成车辙、沉陷或波浪等破坏。因此，除了研究路面结构的应力和强度之间的关系外，还要研究其荷载和应力、应变之间的关系，使整个路面结构及其各部分的变形量控制在容许的范围内。

2. 稳定性

路面结构袒露于大气之中，经常受到温度和水分变化的影响，其力学性能也不断发生变化，强度和刚度不稳定，路况时好时坏。例如，沥青路面在夏季高温时会变软而产生车辙和推挤，冬季低温时又可能因收缩或变脆而开裂；水泥混凝土路面在高温时会发生拱胀破坏，温度急剧变化时会因翘曲而产生破坏；砂石路面在雨期时会因雨水渗入路面结构，使其含水量增大，强度下降，产生沉陷、轮辙或波浪。因此，要研究路面结构的温度和湿度状况及其对路面结构性能的影响，以便在此基础上修筑在当地气候条件下具有足够稳定的路面结构。

3. 耐久性

路面结构要承受行车荷载和冷热、干湿气候因素的多次重复作用，由此而逐渐产生疲劳破坏和塑性变形累积。另外，路面材料还可能出于老化衰变而导致破坏。这些都将缩短路面的使用年限，增加养护工作量。因此，路面结构必须具备足够的抗疲劳强度以及抗老化和抗变形积累的能力。

4. 表面平整度

不平整的路表面会增大行车阻力，并使车辆产生附加的振动作用。这种振动作用会造成行车颠簸，影响行车的速度和安全、驾驶的平稳和乘坐的舒适。同时，振动作用还会对路面施加冲击力，从而加剧路面和汽车机件的损坏和轮胎的磨损，并增大油料的消耗，而且不平整的路面还会积滞雨水，加速路面的破坏。

一般将包括冲击力在内的车辆动荷载与静荷载的比值称为动荷系数，并以汽车每行驶1km距离车身和后桥相对位移的累计数（m）来表示路面的不平整度。实测结果表明，动荷系数值随着路面平整度的恶化而急剧增大，而且在相同的不平整度路面上行车时，动荷系数会随着车速的降低而减小。因此，为了减小动荷系数，提高行车速度和增强行车舒适性、安全性，路面应保持一定的平整度。道路等级越高，设计车速越大，对路面平整度的要求也越高。

平整的路表面要依靠优良的施工机具、精细的施工工艺、严格的施工质量控制以及经常的养护来保证。同时，路面的平整度还同整个路面结构和面层材料的强度和抗变形能力有关。

5. 表面抗滑性能

汽车在光滑的路面上行驶时，车辆与路面之间缺乏足够的附着力或摩擦阻力，在雨天高速行车或紧急制动和突然起动，或爬坡、转弯时，车轮易产生空转或打滑，致使行车速度降低，油料消耗增多，甚至引起严重交通事故。因此，路表面应具备足够的抗滑性能，特别是行车速度较高时，对抗滑性能要求越高。

路表面的抗滑能力可以通过采用坚硬、耐磨、表面粗糙的骨料组成路面表层材料来实现，有时也可采用一些工艺性措施来实现，如水泥混凝土路面的刷毛或刻槽等。此外，路面上的积雪、浮冰或污泥等也会降低路面的抗滑性，必须及时予以清除。

6. 少尘性

汽车在砂石路面上行驶时，车身后面所产生的真空吸力会将表层中较细材料吸出导致飞扬尘土，甚至导致路面松散、脱落和坑洞等破坏。扬尘还会加速汽车机件的损坏，减短行车视距，降低行车速度，而且对旅客和沿路居民的环境卫生以及货物和路旁农作物均带来不良影响。因此，要求路面在行车过程中尽量减少扬尘。

小　　结

通过本项目的学习，了解我国公路在路面材料和结构方面经历了从最初低等级的砂石路面到现代高速公路的沥青混凝土路面的发展过程；了解路面设计理论与方法从经验法到理论法的发展过程；理解路面施工技术发展的机械化水平；了解在路面测试方面多种路面检测仪器装置的发展以及不同类型路面现场测试规程以及验收技术规范的更新。此外，还应了解沥青混合料的路用性能试验方法和性能评价技术取得的良好的成果；理解路基和路面结构的特点，掌握道路性能要求。

复习思考题

1. 我国公路路面经历了哪些发展过程?
2. 路面工程具有哪些特点?
3. 为保证行车，对路面性能提出了哪些要求?

实训

小组讨论：讨论身边道路类型，并对各类道路性能进行评价。

项目 1.2 沥青路面分类

教学目标

1. 掌握路面结构分层及各层位功能
2. 了解路面的等级
3. 掌握沥青路面的分类以及路面类型的选择

1.2.1 路面结构分层与功能

1. 路面横断面

在路基顶面铺筑的面层结构，沿横断面方向分别为行车道、硬路肩和土路肩。路面横断面的形式随道路等级的不同可选择不同的形式，通常分为槽式横断面和全铺式横断面，如图 1.9 所示。

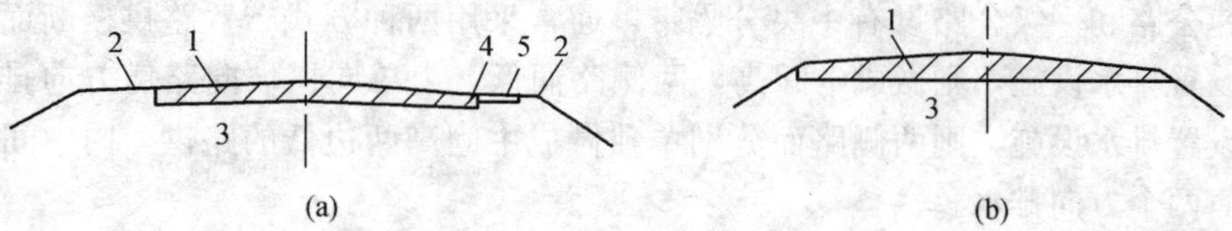

图 1.9 路面横断面形式

1-路面；2-土路肩；3-路基；4-路缘石（侧石）；5-硬路肩

(1) 槽式横断面

槽式横断面是在路基上按路面行车道及硬路肩设计宽度开挖路槽，保留土路肩，形成浅槽，在槽内铺筑路面；也可采用培槽方法，在路基两侧培槽，或采用半填半挖的方法培槽，如图 1.9（a）所示。

(2) 全铺式横断面

全铺式横断面是在路基全部宽度内都铺筑路面。在高等级公路建设中，有时为了将路面结构内部的水分迅速排出，在全宽范围内铺筑基层材料，保证水分由横向排入边沟。有时考虑到道路交通的迅速增长，为适应扩建的需要，将硬路肩及土路肩的位置全部按行车道标准铺筑面层。在盛产石料的山区或较窄的路基上全宽铺筑中、低级路面。路面横断面形式如图 1.9（b）所示。

2. 路拱横坡度

为了保证路表面的雨水及时排出，减少雨水对路面的浸润和渗透而降低路面结构强度，路面表面应做成直线形或抛物线形的路拱。等级高的路面平整度和水稳定性较好，透水性也小，通常采用直线形路拱和较小的路拱横坡度。等级低的路面，为了有利于迅速排除路表积水，一般采用抛物线形路拱和较大的路拱横坡度。表 1.1 列出了各种不同类型路面的路拱平均横坡度。

表 1.1　各类路面的路拱平均横坡度

路面类型	路拱平均横坡度/%
沥青混凝土、水泥混凝土	1～2
厂拌沥青碎石、路拌沥青碎（砾）石、沥青贯入碎（砾）石、沥青表面处治、整齐石块	1.5～2.5
半整齐石块、不整齐石块	2～3
碎石、砾石等	2.5～3.5
炉渣土、砾石土、砂砾土等	3～4

选择路拱横坡度，应充分考虑有利于行车平稳和有利于横向排水两方面的要求。在干旱和有积雪、浮冰地区应采用低值，多雨地区采用高值；当道路纵坡较大或路面较宽，或行车速度较高时，或交通量和车辆载重较大时，或常有拖挂汽车行驶时，应采用平均横坡度的低值，反之则应取用高值。

高速公路和一级公路设有中央分隔带，通常采用两种方式布置路拱横断面。若分隔带未设置排水设施，则做成中间高，两侧路面低，由单向横坡向路肩方向排水；若分隔带设置排水设施，则两侧路面分别单独做成中间高两边低的路拱，向中间排水设施和路肩两个方向排水。

路肩横坡度一般较路面横坡大 1%，但是高速公路和一级公路的硬路肩采用与路面行车道相同的结构时，应采用与路面行车道相同的路面横坡度。

3. 路面结构分层及层位功能

行车荷载和自然因素对路面的影响随路面结构深度的增加而逐渐减弱，因此对路面材料的强度、抗变形能力和稳定性的要求也随深度的增加而逐渐降低。为了适应这一特点，路面结构通常是分层铺筑的，按照使用要求、受力状况、土基支承条件和自然因素影响程度的不同分成若干层次。通常按照层位功能的不同划分为三个层次，即面层、基层和垫层，路面结构示意见图 1.10，路面的构造如图 1.11 所示。

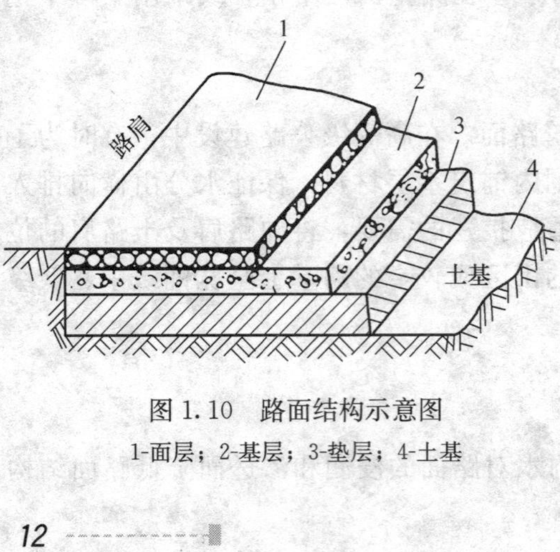

图 1.10　路面结构示意图

1-面层；2-基层；3-垫层；4-土基

(1) 面层

面层是直接同行车和大气接触的表面

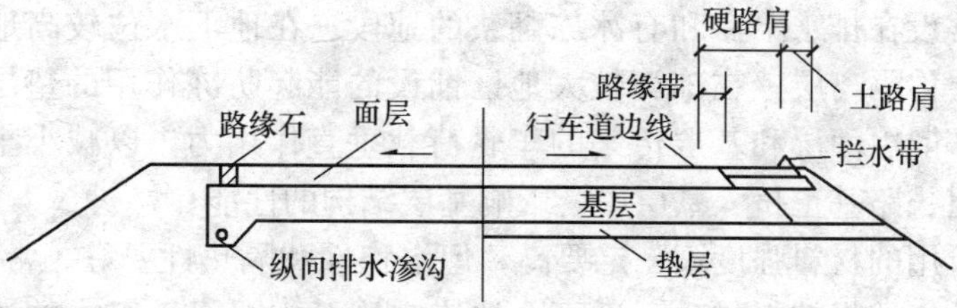

图 1.11 路面构造

层次，它承受较大的行车荷载的垂直力、水平力和冲击力的作用，同时还受到降水的侵蚀和气温变化的影响。因此，同其他层次相比，面层应具备较高的结构强度，抗变形能力，较好的水稳定性和温度稳定性，而且应当耐磨、不透水，其表面还应有良好的抗滑性和平整度。

修筑面层所用的材料主要有水泥混凝土、沥青混凝土、沥青碎（砾）石混合料、砂砾或碎石掺土或不掺土的混合料以及块料等。

面层分两层或三层铺筑，如高速公路沥青面层总厚度 18～20cm，可分为上、中、下三层铺筑，并根据各分层的要求采用不同的级配等级。水泥混凝土路面也有的分上下两层铺筑，分别采用不同标号的水泥混凝土材料。水泥混凝土路面上加铺 4cm 沥青混凝土这样的复合式结构也是常见的。但是砂石路面上所铺的 2～3cm 厚的磨耗层或 1cm 厚的保护层，以及厚度不超过 1cm 的简易沥青表面处治不能作为一个独立的层次，应看作是面层的一部分。

（2）基层和底基层

基层主要承受由面层传来的车辆荷载垂直力，并把它扩散到底基层、垫层和土基中，是起主要承重作用的层次，故基层应有足够的强度和刚度，并具有良好的扩散应力的能力。车辆荷载水平力作用沿深度递减得很快，对基层影响很小，故对基层材料的耐磨性可不予重视。基层也应有平整的表面，以保证面层厚度均匀。基层遭受大气因素的影响虽比面层小，但难以阻止地下水的侵入，当面层透水时也不能阻止雨水的渗入，所以基层结构应有足够的水稳性。

高速公路和一级公路的基层应采用水泥稳定粒料、石灰粉煤灰稳定粒料、沥青混合料以及级配碎砾石等材料铺筑。高速公路、一级公路底基层和二级及二级以上公路基层和底基层，除上述类型材料外，也可采用水泥稳定土、石灰稳定土、石灰粉煤灰稳定土，石灰工业废渣、填隙碎石等或其他适宜的当地材料铺筑。

基层分两层铺筑，其上层仍称基层，下层则称底基层，它起次要承重作用。对底基层材料质量的要求可低些，可使用当地材料来修筑。基层和底基层视公路等级或交通量的需要设置为一层或两层。

（3）垫层

在土基与底基层之间设置垫层，起排水、隔水、防冻、防污等作用。其功能是改善土基的温度和温度状况，以保证面层和基层的强度和刚度的稳定性及不受冻胀翻浆作用。垫层通常设在排水不良和有冰冻翻浆的地段。在地下水位较高地区铺设的能起隔水作用的垫层称隔离层；在冻深较大地区铺设的能起防冻作用的垫层称防冻层。此外，垫层还能扩散由面层和基层传来的车轮荷载垂直作用力，以减小土基的应力和变形，而且它能阻止路基土挤入基层中，影响基层结构的性能。

修筑垫层所用的材料强度不一定要高，但水稳性和隔热性要好。常用材料有两类：一类是由稳定性好的粗粒料如砂、砾石、炉渣、片石或圆石等组成的透水性垫层；另一类是由各种稳定类材料如石灰土或炉渣石灰土等组成的稳定性垫层。

实际上，路面的结构层次可由具体条件而定。例如，修筑在土基上的碎（砾）石路面、块石路面或水泥混凝土路面都只有一个层次。又例如，我国当前流行的石灰土基层上的沥青面层结构只有两个层次。相反地，为适应某种结构性能的需要，有时在面层与基层之间只设一个层次，例如，为减轻或消除石灰土基层开裂而反射到沥青面层所设置的碎石缓冲层，为防止沥青面层沿着基层表面滑移所设置的沥青混合料联结层，以及为了便利水泥混凝土面层沿着基层表面伸缩移动所设置的沥青砂整平层等。在道路改建过程中，如在旧碎（砾）石路面上加铺沥青或水泥混凝土面层，则旧路面可成为新路面的基层；如在旧碎（砾）石路面上加铺石灰土补强层和沥青或水泥混凝土面层，则旧路面即成为新路面底基层，而石灰土即成为基层。

还应指出，为保护沥青路面的边缘，其基层应较面层每边宽约 0.25m，垫层也要较基层每边宽约 0.25m，当不设横向盲沟时，应将垫层向两侧延伸直至路基边坡表面，以便于排水。此外，在路基顶面一定深度内的土层，不论是填方或挖方，均应按规定严格压实，否则在行车和自然因素的反复作用下，会产生过量的变形，从而造成路面破坏。路面结构实例如图 1.12 所示。

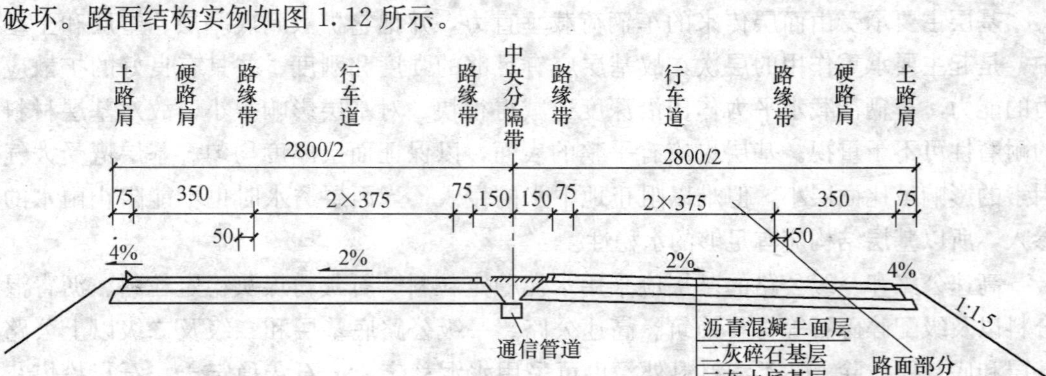

图 1.12　路面结构实例（单位：cm）

1.2.2　路面等级与分类

1. 按面层的使用品质分类

通常按路面面层的使用品质、材料组成类型以及结构强度和稳定性将路面分为四个等级，如表 1.2 所示。

表1.2 各等级路面所具有的面层类型及所适用的公路等级

路面等级	面层类型	所适用的公路等级
高级	水泥混凝土、沥青混凝土	高速、一级、二级
次高级	热拌沥青碎石混合料、沥青贯入式	二级
	乳化沥青碎石混合料、沥青表面处治	三级
中级	水结碎石、泥结碎石、级配碎（砾）石、半整齐石块路面	四级
低级	各种粒料或当地粒料改善土	四级

（1）高级路面

高级路面的特点是强度高，刚度大，稳定性好，使用寿命长，能适应较繁重的交通量，路面平整，无尘埃，能保证高速行车。高级路面养护费用少，运输成本低，但初期建设投资高，需要用质量高的材料来修筑。

（2）次高级路面

次高级路面与高级路面相比，强度和刚度较差，使用寿命较短，所适应的交通量较小，行车速度也较低，次高级路面的初期建设投资虽较高级路面低些，但要求定期修理，养护费用和运输成本也较高。

（3）中级路面

中级路面的强度和刚度低，稳定性差，使用期限短，平整度差，易扬尘，仅能适应较小的交通量，行车速度低。中级路面的初期建设投资虽然很低，但是养护工作量大，需要经常维修和补充材料，才能延长使用年限，运输成本也高。

（4）低级路面

低级路面的强度和刚度最低，稳定性差，路面平整性差，易扬尘，故只能保证低速行车，所适应的交通量最小，在雨季有时不能通车。低级路面的初期建设投资最低，但要求经常养护修理，而且运输成本最高。

2. 按路面结构的力学特性分类

路面类型可以从不同角度来划分，但是一般都按面层所用的材料区分，如水泥混凝土路面、沥青路面、砂石路面等。在工程设计中，主要从路面结构的力学特性的相似性出发，可以将路面结构划分为柔性路面（沥青混凝土路面）、复合式路面和刚性路面三类。根据基层材料类型及组合的不同又可以将沥青混凝土路面划分为柔性基层沥青路面、半刚性基层沥青路面、刚性基层沥青路面、组合式基层沥青路面。国外一般将水泥混凝土路面和沥青混凝土路面称为有铺装路面；将表面处治、沥青碎石、沥青贯入式路面称为简易铺装路面；将砂石路面等归入未铺装路面。砂石路面是以砂、石为骨料，以土、水、灰为结合料，通过一定的配合比铺筑而成的路面，包括级配砂（砾）石路面、泥结碎石路面、水结碎石路面、填隙碎石路面及其他粒料路面。

（1）柔性基层沥青路面

柔性基层沥青路面的总体结构刚度较小，在车辆荷载作用下产生的弯沉变形较半刚性基层沥青路面大。通过合理的结构组合、材料组成和厚度设计可以保证路面结构整体具有很强的抵抗荷载作用的能力，同时通过各结构层将车辆荷载传递给土基，使土基承受的单位压力在一定的范围内。路基路面结构主要靠抗压强度和抗剪强度承受车辆荷载的作用。柔性基层主要包括各种未经处理的粒料基层和各类沥青层、碎（砾）石层或块石层组成的路面结构。发达国家主要采用柔性基层沥青路面结构。

（2）半刚性基层沥青路面

用水泥、石灰等无机结合料处治的土或碎（砾）石及含有水硬性结合料的工业废渣修筑的基层，在前期具有柔性基层的力学性质，后期的强度和刚度均有较大幅度的增长，但是最终的强度和刚度仍远小于水泥混凝土。由于这种材料的刚性处于柔性基层与刚性基层之间，因此把这种基层和铺筑在它上面的沥青面层统称为半刚性基层沥青路面。

（3）刚性基层沥青路面

刚性基层沥青路面用水泥混凝土包括普通混凝土、钢筋混凝土（RCP）、连续配筋混凝土（CRCP）、钢纤维混凝土、预应力混凝土、装配式混凝土、碾压混凝土作基层，沥青混凝土作面层的路面结构。水泥混凝土具有强度高、稳定性好等特点，沥青混凝土具有行车舒适、噪声小的特点，这种复合式路面可以避免各自的缺点，具有良好的使用性能和耐久性。普通混凝土、钢筋混凝土基层沥青路面由于接缝处的反射裂缝，对使用性能有一定的影响；连续配筋混凝土基层沥青混凝土路面由于连续的配筋将水泥混凝土的裂缝宽度约束在一定的范围内（一般要求小于 1mm），故其有良好的使用性能和耐久性，但必须采取措施保证沥青层与沥青层、沥青层与水泥混凝土层之间有良好的黏结状态。连续配筋混凝土路面上加铺沥青混合料面层是永久性沥青路面的典型结构。

（4）组合式基层沥青路面

沥青路面的基层含有无机结合料稳定材料、水泥混凝土材料等刚度较大或相对较大的材料，但是在沥青层与刚度相对较大的材料之间夹有柔性材料，如沥青混凝土层＋级配碎石＋无机结合料稳定材料层的路面结构、沥青混凝土层＋级配碎石＋普通水泥混凝土层的路面结构、沥青混凝土层＋级配碎石＋碾压式水泥混凝土层的路面结构等。

组合式基层沥青路面结构必须认真验算级配碎石基层上面各结构层的疲劳性能，以避免由于整体性材料与非整体性材料界面出现应力或应变突变而产生疲劳破坏。

1.2.3 沥青路面分类

1. 按强度构成原理分类

按强度构成原理可将沥青路面分为密实类和嵌挤类两大类。

（1）密实类沥青路面

密实类沥青路面要求矿料的级配按最大密实原则设计，其强度和稳定性主要取决于混合料的黏聚力和内摩阻力。密实级配类沥青路面又分为连续级配型沥青混凝土和连续级配型特粗式、粗粒式沥青稳定碎石及间断级配型沥青玛瑞脂碎石等。

（2）嵌挤类沥青路面

嵌挤类沥青路面要求采用颗粒尺寸较为均一的矿料，路面的强度和稳定性主要依靠骨料颗粒之间相互嵌挤所产生的内摩阻力，而黏聚力则起次要的作用。按嵌挤原则修筑的沥青路面，其热稳定性较好，但因空隙率较大、易渗水，因而耐久性较差。嵌挤类沥青路面分为开级配、半开级配沥青路面等类型，开级配沥青路面又分为间断级配排水式沥青磨耗层和排水式沥青碎石基层。

2. 按施工工艺分类

沥青路面可分为层铺法、路拌法（冷拌法）和厂拌法（热拌法）三类。

（1）层铺法

层铺法是用分层洒布沥青、分层铺撒矿料和碾压的方法修筑，其主要优点是工艺和设备简便、功效较高、施工进度快、造价较低；其缺点是路面成型期较长，需要经过炎热季节行车碾压之后路面方能成型。用这种方法修筑的沥青路面有沥青表面处治施工和沥青贯入式两种。

（2）路拌法

路拌法（冷拌法）是在路上用机械将矿料和沥青材料就地拌和摊铺和碾压密实而成的沥青面层。此类面层有路拌（冷拌）沥青碎（砾）石、乳化沥青碎（砾）石和路拌沥青混凝土。路拌沥青面层因就地拌和，沥青材料在矿料中分布比层铺法均匀，可以缩短路面的成型期。但因所用的矿料为冷料，需使用黏稠度较低的沥青材料，故混合料的强度较低。

（3）厂拌法

厂拌法（热拌法）是将规定级配的矿料和沥青材料在工厂用专用设备加热拌和，然后送到工地摊铺碾压而成的沥青路面。矿料中细颗粒含量少，不含或含少量矿粉，混合料为开级配的，若矿料中含有矿粉，混合料是按密实级配配制的。厂拌法按混合料铺筑时温度的不同又可分为热拌热铺和热拌冷铺两种。热拌热铺是混合料在专用设备加热拌和后立即趁热运到路上摊铺压实。如果混合料加热拌和后储存一段时间再在常温下运到路上摊铺压实，即为热拌冷铺。厂拌法使用较黏稠的沥青材料，且矿料经过精选，因而混合料质量高，使用寿命长，但修建费用也较高。

3. 按沥青路面的技术特性分类

沥青面层可分为沥青混凝土、沥青玛𤧛脂碎石、热拌沥青碎石、乳化沥青碎石混合料、沥青贯入式路面、沥青表面处治路面等类型。

（1）沥青表面处治路面

沥青表面处治路面是指用沥青和集料按层铺法或拌和法铺筑而成的厚度不超过3cm的沥青路面。沥青表面处治的厚度一般为1.5～3cm。层铺法可分为单层、双层、三层。单层表处厚度为1.0～1.5cm，双层表处厚度为1.5～2.5cm，三层表处厚度为2.5～3.0cm。沥青表面处治适用于三级、四级公路的面层，旧沥青面层加铺罩面或抗滑层、磨耗层等。

（2）沥青贯入式路面

沥青贯入式路面是指用沥青贯入碎（砾）石作面层的路面。沥青贯入式路面的厚度一般为 4～8cm。当沥青贯入式的上部加铺拌和的沥青混合料时，也称为上拌下贯，此时拌和层的厚度宜为 3～4cm，其总厚度为 7～10cm。沥青贯入式碎石路面适用于作三级及三级以下公路的沥青面层。

（3）沥青碎石路面

沥青碎石路面是指用沥青碎石作面层的路面，沥青碎石的配合比设计应根据实践经验和马歇尔实验的结果，并通过施工前的试拌和、试铺确定。沥青碎石有时也用作联结层。

（4）沥青混凝土路面

沥青混凝土路面是指用沥青混凝土作面层的路面，其面层可由单层、双层或三层沥青混合料组成，各层混合料的组成设计应根据其层厚和层位、气温和降雨量等气候条件、交通量和交通组成等因素确定，以满足对沥青面层使用功能的要求。沥青混凝土常用作高等级公路的面层。

（5）乳化沥青碎石混合料路面

乳化沥青碎石混合料适用于三级、四级公路的沥青面层、二级公路养护罩面以及各级公路的调平层。国外也用它作为柔性基层。

（6）沥青玛琋脂碎石路面

沥青玛琋脂碎石路面是指用沥青玛琋脂碎石混合料作面层或抗滑层的路面。沥青玛琋脂碎石混合料（简称 SMA）是以间断级配为骨架，用改性沥青、矿粉及木质素纤维组成的沥青玛琋脂为结合料，经拌和、摊铺、压实而形成的一种构造深度较大的抗滑面层。它具有抗滑耐磨、孔隙率小、抗疲劳、高温抗车辙、低温抗开裂的优点，是一种全面提高密级配沥青混凝土使用质量的新材料，适用于高速公路、一级公路和其他重要公路的表面层。

1.2.4 沥青路面类型的选择

采用不同的施工工艺和材料可以修筑成不同类型的沥青路面。因此，必须根据路面的使用要求和施工的具体条件，按照技术经济原则来综合考虑，选定最适当的路面类型。

选择沥青路面的类型，一方面要根据任务要求（道路的等级、交通量、使用年限、修建费用等）和工程特点（施工季节、施工期限、基层状况等）选定；另一方面还应考虑材料供应情况、施工机具、劳动力和施工技术条件等因素，可参照表 1.3 选定。

表 1.3　路面类型的选择

公路等级	面层类型	设计年限/年	设计年限内累计标准轴次/（万次/一车道）
高速公路 一级公路	沥青混凝土 沥青玛琋脂碎石	15	＞400
二级公路	沥青混凝土、热拌沥青碎石	12	＞200
三级公路	乳化沥青碎石混合料、沥青贯入式	6～10	100～200
四级公路	沥青表面处治	8	10～100
	泥结碎石、级配碎（砾）石、半整齐块石路面	5	≤10

从施工季节来讲，沥青类路面一般都要求在温暖干燥的气候条件下施工，所用沥青材料在施工时具有较大的流动性，便于路面摊铺和压实成型。热拌热铺类的沥青碎石或沥青混凝土面层，气候对其影响较小，仅要求在晴朗天气和气温不低于5℃时施工。若施工气温较低，则应选用热拌冷铺法施工较为适宜。沥青类路面一般不宜铺筑在纵坡大于6%的路段上。纵坡大于3%的路段要考虑抗滑的要求，宜采用粗粒式的沥青碎石或粗粒式的沥青表面处治。

小　　结

通过本项目的学习，掌握路面结构沿横断面方向组成、路面横断面的形式和特点，随路面结构深度的结构层划分，并能根据不同的层位功能选择不同的材料进行铺筑。掌握沥青路面按不同范畴进行等级划分的依据和类型；根据相关资料能够进行沥青路面的选型。

复习思考题

1. 路面一般可分为哪几个结构层次？各个层次的主要作用是什么？对材料有何要求？

2. 路面有哪几个分级？各自对应的路面类型有哪些？

3. 沥青路面按不同的分类方法可以分为哪几类？

4. 对沥青路面的类型如何进行选择？

实训

分析沥青路面不同结构组成及各层特点。

(1) 目的

通过对各种不同沥青路面结构的分析，掌握各沥青路面结构层的特点及各结构层对材料的要求。

(2) 环境要求

1) 对身边道路的结构类型进行调查。

2) 收集8～10条道路路面设计图进行对比分析。

各级路面结构推荐图式如表1.4所示。

表 1.4　各级路面结构推荐图式

公路等级	结构图式		
高速公路	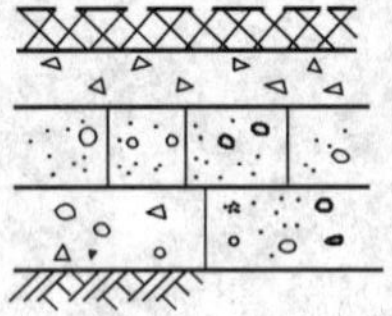 中粒式沥青混凝土 粗粒式沥青混凝土 沥青碎石(粗) 水泥(或石灰)稳定粒料 级配碎石或砂粒 土基	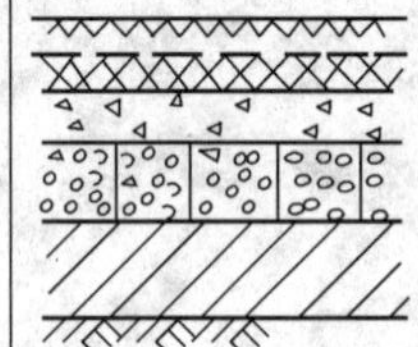 中粒式沥青混凝土 粗粒式沥青混凝土 沥青碎石(粗) 水泥(或石灰)稳定粒料 石灰土 土基	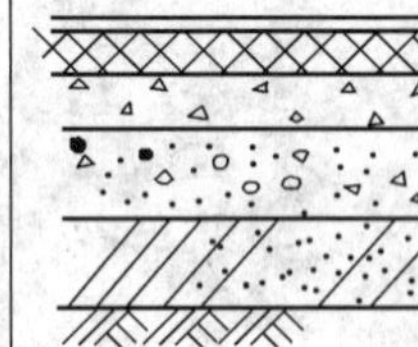 细粒式沥青混凝土 中粒式沥青混凝土 沥青碎石(粗) 二灰粒料 二灰、二灰土或石灰石 土基
一级公路	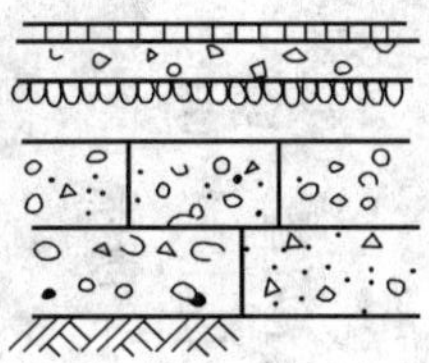 细粒式沥青混凝土 沥青碎石 沥青贯入 水泥或石灰稳定粒料 级配碎石或砂砾 土基	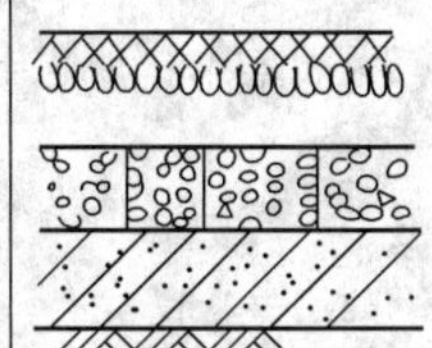 中粒式沥青混凝土 沥青贯入 水泥(或石灰)稳定粒料 石灰土 土基	 细粒式沥青混凝土 沥青碎石或贯入式 二灰粒料 二灰土 土基
二级公路	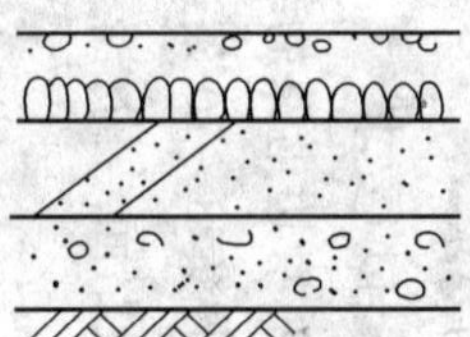 沥青上拌下贯 石灰土或水泥土 天然砂砾 土基	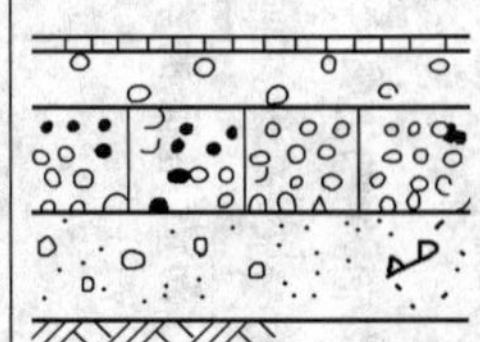 沥青混凝土 水泥(或石灰)稳定粒料 石灰土 土基	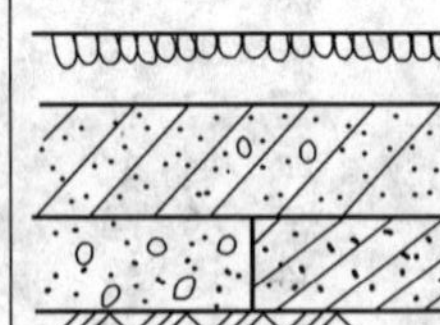 沥青贯入 二灰粒料 级配碎石(或石灰土) 土基

三级公路	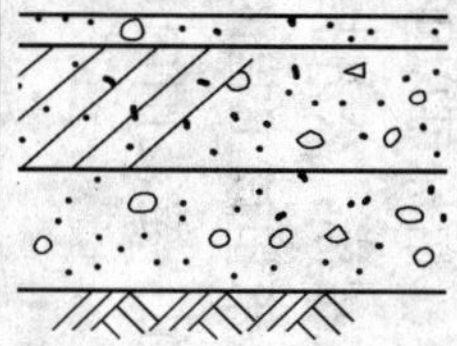 沥青表面处治 泥灰结碎(砾)石 (或级配碎砾石掺灰) 天然砂砾 土基	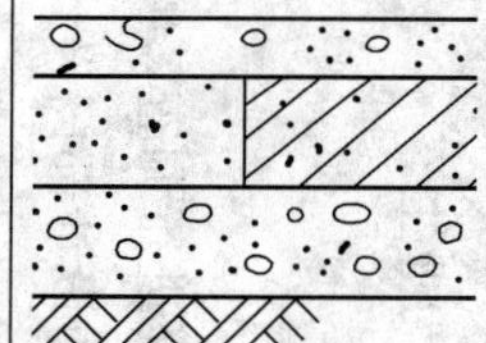 沥青混凝土 水泥(或石灰)稳定粒料 (或二灰土) 天然砂砾 土基	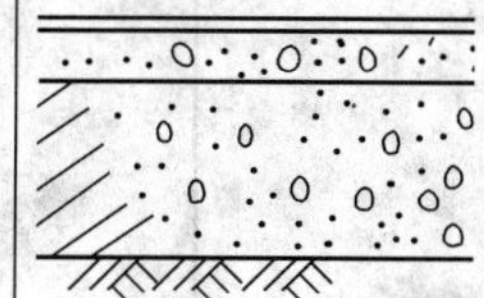 沥青混凝土 石灰土(或填隙碎石)或级配 碎石掺灰或泥灰结碎石 土基
四级公路	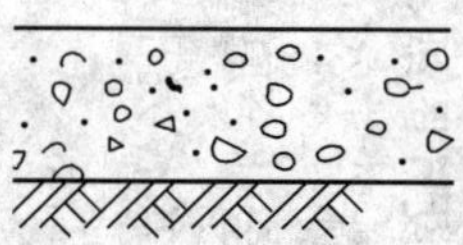 泥结碎(砾)石 土基	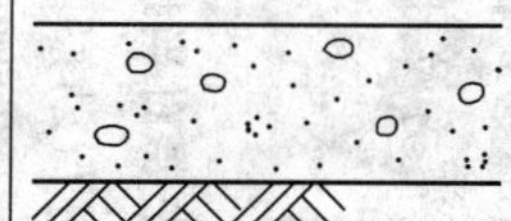 级配碎(砾)石 土基	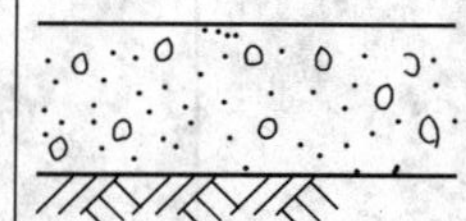 天然砂砾 或粒料改善土 土基

项目 1.3 沥青路面施工准备

教学目标

1. 了解道路建设的程序
2. 掌握沥青路面施工程序
3. 掌握沥青路面施工组织的内容
4. 掌握沥青路面施工现场准备的内容

1.3.1 道路建设概述

1. 业主——道路的投资方

大多数公路及城市道路属于公共设施，服务全社会，一般由国家和地方政府投资兴建。还有一些公路是由大的投资公司投资兴建，通过收取车辆的通行费或从道路周围的开发利润中收回投资。城市的居民生活小区、厂矿企业内部的道路，一般是由开发商或企业作为配套设施兴建，道路建设的投资方及开发商一般称为业主。

2. 设计人——道路的勘察和设计单位

业主在投资建设公路及城市道路前，首先要对当地的交通状况进行调查，测算当地交通量，然后由地质勘察部门对地质情况进行勘察，再由规划和设计部门设计出道路的走向，并设计出道路的结构，绘制出道路的设计图，编制出相应技术文件。

3. 业主通过招标选择施工单位

业主为了从建筑市场上众多的施工单位中选出优质、高效、低价的施工单位，通常采用公开招标的方法。业主首先编制招标文件，也称标书，内容包括工程项目、工程量、质量要求、工期要求，还包括相应的设计图纸、技术要求等。招标可以业主自行招标，也可以通过招标公司进行招标。招标分为公开招标和邀请招标，公开招标是在媒体或在建筑市场上发布招标信息，邀请全社会愿意并且有能力承担该工程的施工单位投标，邀请招标是向几个有能力的施工单位发出招标邀请，在一定范围内招标，工程项目招投标是目前建筑市场普遍采用的方法。

4. 施工单位通过投标承包工程

建筑市场是公平竞争的市场，每个施工企业都要通过投标的方法承揽工程项目。

投标前先要购买标书，根据标书的要求，施工企业要组织施工技术人员编写施工方案——技术标，组织预算人员编写工程造价——经济标。标书应包括工程总造价，工程的工期，质量标准，采取降低成本的措施，建议施工组织设计，安全保证的措施，施工企业的资质，预计设置的施工管理机构、投入的管理人员、作业人员数量情况，预计投入施工机械及试验设备的型号数量等内容。投标单位在指定的日期内将标书送达招标单位或招标公司。

5. 施工企业投标应具有相应的资质

施工单位必须具有一定的资质方可参与投标，资质是施工企业施工能力的综合证明，道路施工企业资质由国家建设部、交通部认定的权威机构颁发。

资质分成不同的等级，一级和特级资质可以承揽大型和超大型工程，低级资质只能承揽工程量较小的工程。资质分成不同的专业，如道路施工分为路面施工专业资质和路基施工专业资质及道路施工总承包资质等。资质由权威机构根据相应的条件评审，评审的内容包括企业以往施工的业绩，所完成具有代表性的工程，拥有相关的施工设备、试验设备，专业技术人员、专业管理人员的状况等。

6. 标书的评审

业主或招标公司聘请有关专家，按照规定的程序对各个投标单位的标书进行评定，选出能满足施工要求并且价格最低的单位中标。招投标的方式是通过公平竞争，使业主从市场上选出工程造价最低的施工单位，可以使业主节省投资，以最经济的成本修筑出合格的道路。

7. 发中标通知书

业主或招标公司将评标结果以书面的形式通知中标单位，这个文件称为中标通知书。

8. 签订工程合同

施工单位接到中标通知书后与业主签订工程合同，合同双方中业主为甲方，施工单位为乙方。工程合同包括工程量、质量要求、工期、工程造价和付款方式等，工程合同是工程结算的依据。签订工程合同后中标单位即可进行施工。

9. 监理——对施工质量监督和见证

业主为了保证质量，聘请工程监理对工程的施工质量进行监督，工程监理由专门的监理公司具体实施。监理公司派出监理工程师对施工全过程的施工质量进行监督检查。监理工程师要有丰富的施工经验，掌握施工规范，熟悉工程合同。监理工程师有权对施工质量进行检查，发现不正确的施工方法有权要求施工单位进行纠正，对不合格的工序有权要求返工，有权采取停工的方式对错误的施工方法进行制止。各主要工序只有监理工程师认可方可继续施工，工程结算时只有监理工程师签字验收后业主方可付款。施工单位要虚心服从监理工程师的监督。监理制度可以有效地保证施工质量，防止施工单位偷工减料，保护业主的利益。

监理应对关键部位的质量进行自主的试验，对施工单价的检验结果进行验证，这种检验称为“第三方验证”。为保证检验结果的公正性，监理应对施工单位的试验结果进行认定，计算合格率，如实地评定施工质量。

监理公司要有相应的资质，监理工程师要有资格证书，业主要向监理公司支付相应的监理费。

10. 沥青混凝土路面工程的种类

(1) 新修筑的道路

沥青混凝土面层施工要在路基、基层施工完成后进行，是道路施工的最后一道工序。

小的道路工程通常由一个施工单位从路基开始，逐层施工，直至沥青混凝土面层施工完毕交付使用。

修筑高速公路或城市主干道，由于整条道路很长、工程量大，将道路的路基和基层分成几个标段，分别承包给几个单位同时施工，这样可以保证施工进度。在路基和基层施工完成后，沥青混凝土面层由一个或少数几个施工单位铺筑，因为沥青混凝土路面对道路的使用性能和道路的寿命影响至关重要，这样便于更好地控制工程质量，保证整条道路的质量。

(2) 旧的沥青道路和水泥道路的翻修

沥青路面使用较长时间后，路面会出现开裂、破损、塌陷、拥包，在原路面上加铺沥青混凝土面层，可以将旧的道路整修一新，恢复道路的使用性能和通行能力。

旧的水泥混凝土路面出现严重破损或开裂，易在破损和开裂处渗水，造成基础的损坏，可以用水泥混凝土进行修补，但在修补处易造成继续开裂，往往达不到预期的效果。如果整条道路都出现严重的破损，加铺沥青混合料面层，可以很好地防止路面渗水，提高路面的平整度，这种方法是修复水泥混凝土路面、提高道路等级常用的方法之一。

1.3.2 沥青混合料面层施工程序

1. 沥青混合料面层施工工艺流程

新修筑的沥青混合料道路，沥青混合料路面是在刚修筑的基层上铺筑，施工的工艺流程如图1.13所示。

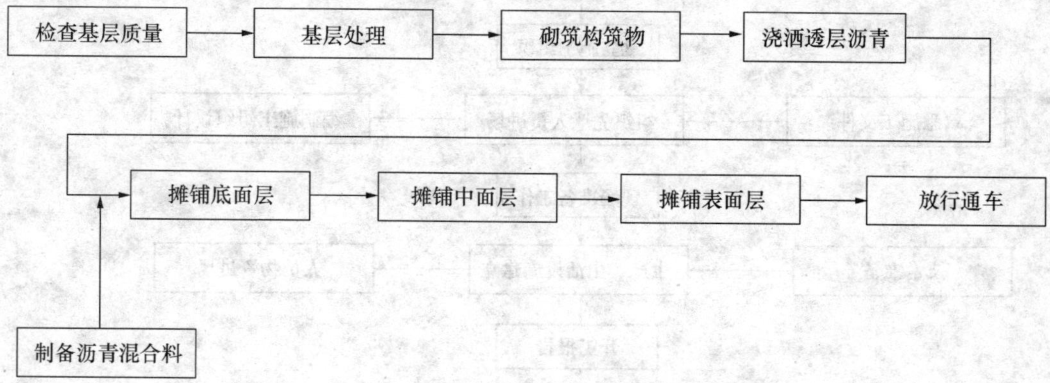

图1.13　新修筑道路沥青混合料路面施工工艺流程

对旧沥青路面翻修工程、旧水泥路面铺筑沥青混合料面层，首先要对旧的路面进行检查，确定修复方法，对强度薄弱的部位进行加固，对不平的部位进行整平，才能铺筑沥青混合料，工艺流程如图1.14所示。

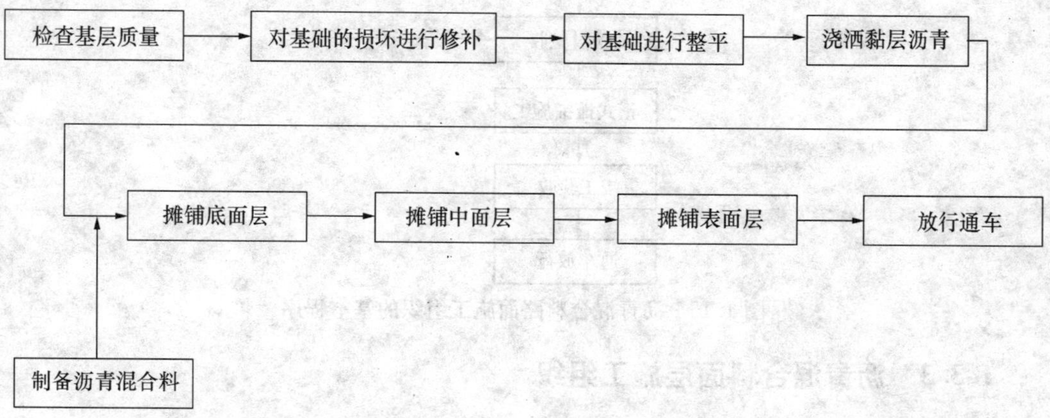

图1.14　旧路面铺筑沥青混合料路面施工工艺流程

两种施工方法在前期对铺筑基础表面处理工作略有不同，摊铺沥青混合料施工工序大致相同。

2. 组织沥青混合料路面施工程序

沥青混合料路面施工是道路工程最终的工序，是最重要的工序。施工工艺复杂，工序衔接紧密，质量要求高。因此，应对施工全过程进行精心安排、周密部署。图1.15为沥青混合料路面施工组织实施的基本程序。

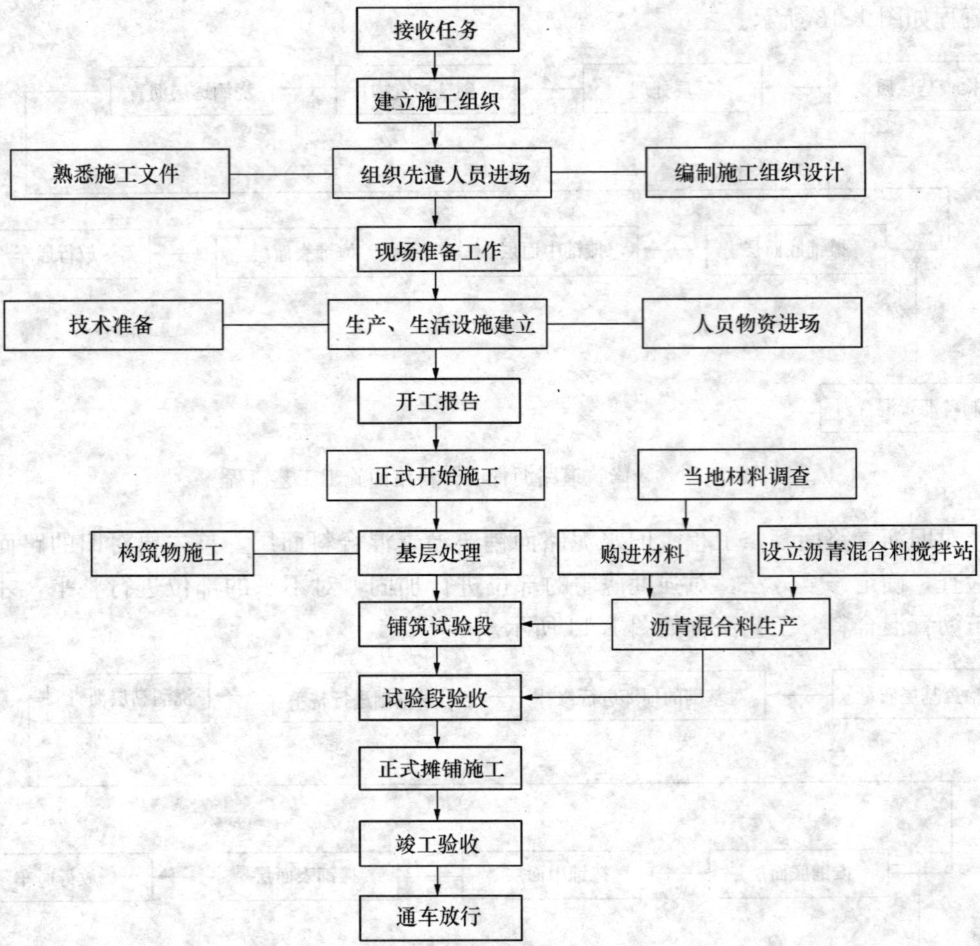

图 1.15　沥青混合料路面施工组织的基本程序

1.3.3　沥青混合料面层施工组织

1. 施工组织机构的建立

目前道路施工实行项目经理负责制，这也是与国际惯例接轨。项目经理是工程施工的组织者和领导者，对工程质量、进度、安全、经营管理全面负责。项目经理根据施工需要组织项目经理部，项目经理部成员分别负责工程各个方面的具体工作，项目经理部对该项工程施工全过程实施管理，是完成施工生产的组织保证。图 1.16 为沥青混合料路面施工管理机构图。

2. 技术准备

(1) 技术准备

技术准备包含以下方面。

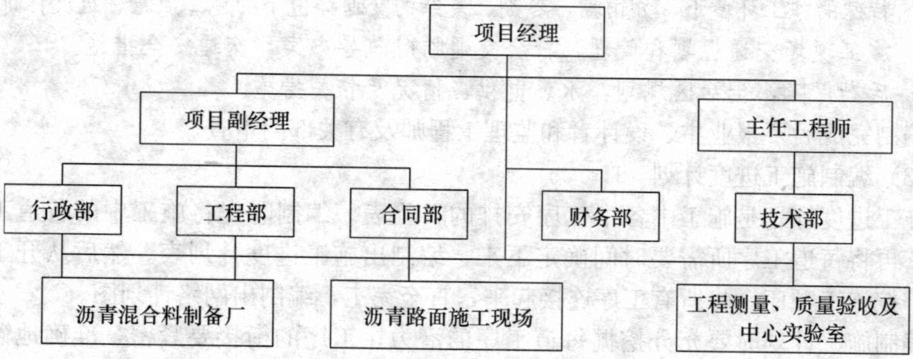

图 1.16　沥青混合料路面施工管理机构图

① 学习技术文件　项目经理部成立后，首先要进行技术准备。学习该项工程的招标文件和施工合同，了解业主对工期和质量的要求。学习设计文件，仔细阅读设计图纸，了解工程遵循的施工规范，掌握关键部位的技术要求和技术指标，还要由设计人进行施工技术交底，对技术上存在的问题进行答疑。

② 检查施工现场　应对施工现场的情况进行调查，了解现场施工条件、交通状况、基层的状况、现场是否有妨碍施工的障碍物，如发现现场的情况与设计不符，应及时向监理或设计部门提出，以便进行相应的设计变更。

③ 了解市场材料行情　调查施工所需材料的市场供应情况，了解各供应商材料的产地、质量及价格，从中确定供货意向，对材料成本进行预测。

④ 选择机械设备　对施工所用机械设备的型号、数量进行预测，对机械费的成本进行预测。

⑤ 勘测施工现场　对施工现场的基准点进行复测，对摊铺基础高程进行检查，对基础的平整度进行检查。

(2) 编制施工组织设计

经过以上技术准备之后，根据该工程的具体情况，按照客观的施工规律对该工程的施工进行具体规划，编制出施工组织设计，目的是使施工有秩序地进行，既保证工程质量，又符合工期要求，工程的成本不超过预算，并且能够有一定利润。

沥青混合料道路施工组织设计应包括以下内容：

- 工程概况，施工平面图。
- 施工组织机构。
- 施工顺序及作业步骤。
- 主要工程量，总体部署，各施工阶段的划分。
- 具体施工进度计划，进度保证措施。
- 拟投入施工机械数量，机械化施工组织方法，沥青拌和厂概况及平面布置图。
- 施工质量管理体系，质量检测人员及检测设备的配备、试验与质量评定方法。
- 环境保护对策，安全保障措施。

- 特殊的施工环境下，如雨期、冬期、复杂的交通环境下的施工质量、进度保证措施。
- 施工现场交通规划和管理，社会交通临时疏导方案，交通安全措施。
- 后勤保障，生活区规划，水、电供应情况及相关措施。

编制完成后要报业主、设计者和监理工程师及有关部门审查。

(3) 编制施工进度计划

施工进度计划是施工中各个工序安排的日程表。编制时先将施工中的各道工序分解开，再将每道工序所需要时间确定下来，编制出施工进度计划表。然后从开工日期开始，按施工顺序，将所有工序连接起来，直至完工，编制出网络计划图。

编制施工计划时要充分挖掘每道工序的潜力，工序的衔接要紧密，准确地确定各道工序的开始时间和完工时间，最后确定完成工期，该工期必须达到业主对工程要求的工期。表 1.5 为某沥青混合料路面施工进度计划表，图 1.17 为网络计划图。

制定施工进度计划，可以对整个工程各道工序的时间进行安排，使施工的各道工序衔接紧密，环环相扣，保证工程如期完成，满足业主对工期的要求。

施工的质量和进度取决于施工工艺和设备的技术水平，制订施工进度计划要在确定工艺的基础上进行。施工进度还取决于使用机械型号、数量以及投入人工数量，选择机械的型号和人员的数量会影响到施工成本。制订施工进度计划既要满足业主对质量和工期的要求，又要兼顾施工成本。

(4) 组建施工质量管理体系

道路的质量直接影响使用性能和道路的寿命，业主根据道路的使用特点制定出质量目标，如路面等级、平整度、密实度、外观质量等要求。质量管理体系是通过施工工艺的控制、施工材料的检验、施工设备的选型和运用以及对施工全过程每个工序的质量管理，使质量达到业主的要求。

建立质量管理体系包括以下几个方面：

- 确定质量管理人员，制定质量管理人员的岗位责任制。
- 确定施工质量检验标准。
- 制定质量保证措施，制定关键环节实行重点检测方法。
- 建立、健全质量检验制度，要做到操作人员自检、专职检验人员定点检验，监理工程师对检验质量认定。
- 制定检验程序和检验方法，应包括施工前对材料和设备检验，施工中对施工方法和施工程序的检验，工序衔接要实行互相检查，工程完成后进行最终检验。
- 编制规范的检验表格，所有的检验、试验应当认真记录，保证数据真实、准确、清晰、具有可追述性。
- 关键材料样品、关键试件应妥善保存，以备质量发生争议时作为考证。
- 要根据工程特点，在施工工艺、材料、施工设备方面采用更为先进的技术、工艺和设备，这是从根本上提高质量的措施。
- 检验设备的运用。表 1.6 是沥青混合料路面施工常用的检验设备。
- 关键工序或重要部位应拍摄照片或进行录像，作为实态记录及保存资料的一部分。

表 1.5 沥青混合料路面施工进度计划表

日期	单位	工作量	5月	10	11	12	13	14	15	16	17	18	19	20	21	22	23	24	25	26	27	28	29	30	31	6月	2	3	4	5	6	7	8	9	10	11	12	13	14	15	16	17	18	19	20	21	22	23	24	25	26	27	28	29	30	7月	2	3	4	5	6	7	8	9
天数			1	2	3	4	5	6	7	8	9	10	11	12	13	14	15	16	17	18	19	20	21	22	23	24	25	26	27	28	29	30	31	32	33	34	35	36	37	38	39	40	41	42	43	44	45	46	47	48	49	50	51	52	53	54	55	56	57	58	59	60	61	62
安装沥青拌和站																																																																
拌和站试运转																																																																
AC25 混合料生产	t	30 539																																																														
AC20 混合料生产	t	24 431																																																														
AC16 混合料生产	t	18 324																																																														
乳化沥青生产	t	542																																																														
修整基础	m²	45 200																																																														
铺筑路缘石	m	55 400																																																														
检查井雨水口	个	421																																																														
浇洒透层沥青	m²	290 850																																																														
铺筑底面层试验段	m²	2100																																																														
铺筑底面层 AC25	m²	290 580																																																														
铺筑中面层试验段	m²	2100																																																														
铺筑中面层 AC20	m²	290 580																																																														
砌筑检查井雨水口	个	421																																																														
铺筑表面层试验段	m²	2100																																																														
铺筑表面层 AC16	m²	290 850																																																														

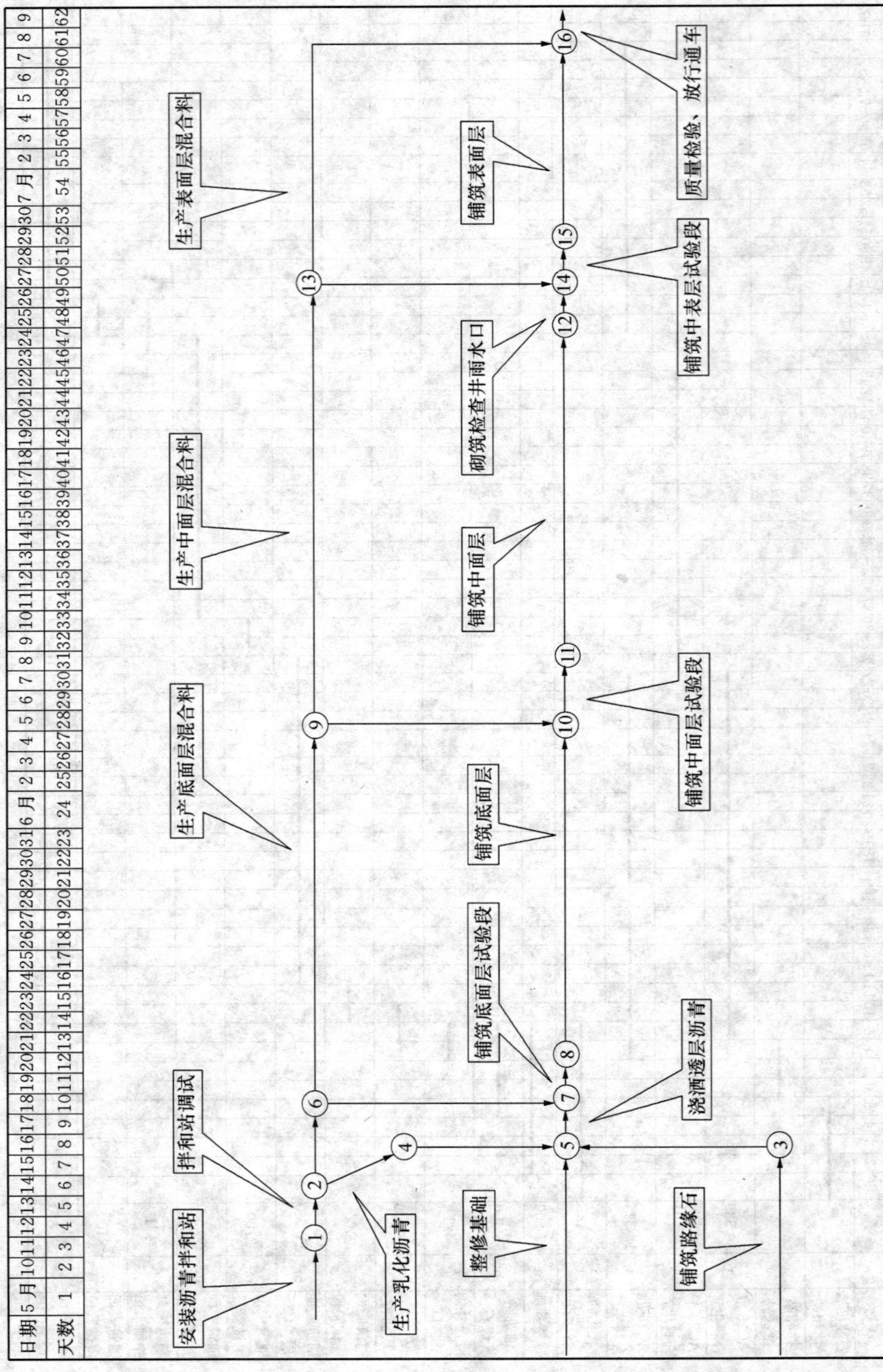

图1.17　沥青混合料路面施工计划网络图

表1.6　沥青混合料路面施工常用检验设备

分类	设备名称	用途
沥青混合料生产检验设备	洛杉矶磨耗机	测量洛杉矶磨耗损失
	针片状仪	测量石料针片状含量
	压碎值仪	测量石料压碎值
	针入度仪	测量沥青针入度
	延度仪	测量沥青延度
	软化点试验仪	测量沥青软化点
	沥青抽提机、溶剂回收仪	测量沥青用量
	马歇尔实验设备	进行马歇尔试验
	集料筛分设备	检查集料级配
	电子秤、天平	沥青、矿料、沥青混合料称量
	电热恒温箱	沥青、矿料加热
	恒温水槽	沥青材料养护
	各种温度测试设备	测量温度
	钢板尺、卡尺	测量试件尺寸
沥青路面施工检验设备	3m直尺、塞尺	测量路面平整度
	核子密度仪	测量路面沥青混合料压实度
	红外线温度计	测量沥青混合料温度
	温度表	精确测量沥青混合料温度
	钻取路面样芯的电钻	从路面钻取样芯
	水准仪、塔尺	测量路面高程
	钢卷尺、钢板尺、卡尺	测量路面、试件外形尺寸
	平整度仪	测量路面平整度
	弯沉仪	测量路面弯沉值

1.3.4　施工现场准备

1. 摊铺现场施工人员的组织

由于沥青混合料路面施工特点是机械化作业、连续施工、工序衔接紧密，施工人员要严密配合、各负其责，可将施工人员分组，作业时分工明确，重点突出，各道工序的衔接工作界定清晰，使施工的各个环节紧密配合。

摊铺施工现场一般可分成以下几个作业组，管理网络如图1.18所示。

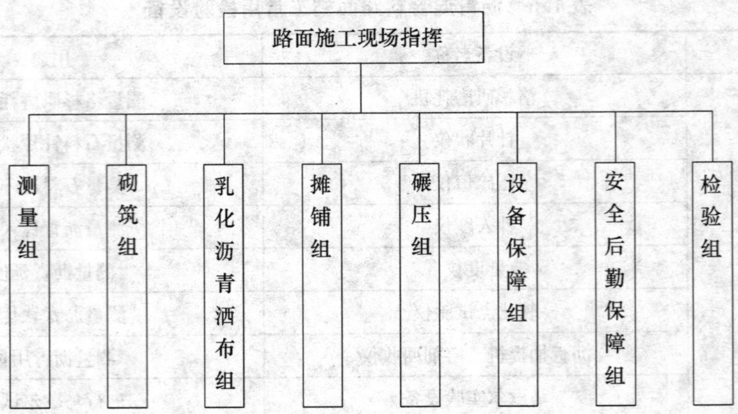

图 1.18　沥青混合料道路施工现场管理网络图

各作业组的职责如下。

（1）测量组

使用测量仪器保证施工过程的几何尺寸和高程等准确无误，铺筑路缘石、检查井时测量高程。摊铺前测量路面基础高程，协助设置摊铺基准。摊铺作业时测量摊铺碾压后的铺筑厚度。

（2）砌筑组

砌筑组承担路面施工的所有土工方面的手工作业和各种辅助作业。

- 砌筑作业，摊铺前砌筑或处理路缘石、检查井和雨水口。摊铺机作业时负责使路缘石、检查井和雨水口与周围沥青混合料路面整平顺接。
- 接缝作业，摊铺时处理混合料接茬，使接茬平顺坚实，路缘石边沿混合料整平夯实，保证平直美观。
- 摊铺机无法摊铺的部位由人工摊铺。
- 路面施工的辅助工作。

（3）乳化沥青洒布组

使用乳化沥青洒布机根据需要洒布黏层沥青和透层沥青，边角部位用人工补洒乳化沥青。

（4）摊铺作业组

摊铺前架设摊铺机纵坡基准，与测量组配合，使设置的摊铺基准符合设计要求。使用摊铺机进行铺设作业，保证摊铺的平整度和均匀性，控制摊铺机行走速度。辅助工作有摊铺机的各项配合作业。

（5）碾压作业组

使用压路机以规定的碾压程序、碾压速度和碾压遍数进行碾压，使铺层达到规定的压实度。当检验组测出密实度和平整度达不到标准时，及时采取措施，保证碾压质量。配合砌筑组搞好构筑物边缘的压实工作。

(6) 检验组

检验各个施工环节的质量，保证质量满足施工规范和业主的质量目标。摊铺前配合测量组检查路面高程和平整度，检查路面基础质量。检查路缘石质量和检查井雨水口质量，指挥砌筑组对不合格的部位进行修复。摊铺机作业时测量沥青混合料进场时的温度，摊铺作业时测量沥青混合料的摊铺温度，测量初压温度、终压温度，测量压实后的密实度和平整度。负责工序间检验验收。钻取试样送试验室检验。收集质量数据，整理质量资料，为竣工验收做准备。配合监理工程师随时监督检查施工质量。

(7) 设备保障组

负责设备转移工作地点的运输和组装，设备燃油的补充，压路机加水，组织设备故障抢修。

(8) 交通及安全组

组织交通疏导，必要时安装围挡，防止社会车辆和行人的干扰，夜间保证灯光照明，负责临时用电安全。

(9) 后勤保障组

配备生活设施，保证作业人员的吃饭、饮水和医疗。

各作业组人员的数量要根据实际工作量需要的人数进行配备。

2. 铺筑基础的检查和处理

沥青混合料路面摊铺前，应对摊铺的基础质量进行检查，薄弱部位进行处理，使基层的质量符合要求。

(1) 新修筑的基层应进行检查

新铺筑的基层，如使用水泥、石灰等稳定土材料修筑的基层，质量符合下列要求：

- 基层的高程和平整度应符合设计要求。
- 具有足够的强度和适宜的刚度。
- 具有良好的稳定性。
- 干燥收缩和温度收缩变形小。
- 表面平整密实。

(2) 旧的沥青路面或水泥路面应进行处理

旧的沥青路面一般采用加铺沥青混合料面层进行修复，水泥路面损坏严重时也可采用加铺沥青混合料面层进行修复。铺筑前应对旧路面现况进行检查，如出现破损、脱落、开裂、凹坑或拥包等，要根据旧路的实际情况，对原路面进行整平或补强，可采取以下措施：

- 旧路面应检查基础的承载能力，可用弯沉仪测量路面的弯沉，判断基础的状况，当弯沉值达不到规定时，说明基础整体性不好，已出现松散，应彻底刨开重新铺筑道路基层。

- 旧路面表面出现严重破损、松散，应全部挖除，用沥青混合料或水泥混凝土填平。
- 旧路面出现严重裂纹，如果不进行处理，铺筑沥青混合料面层后，裂纹可能会继续开裂，直至裂到表面层，这种现象也称为反射裂缝，因此应对裂缝进行处理。方法如下：

  对于大的裂缝应锯开，将裂缝松散的部分清除，锯缝的宽度不能小于1～2cm，用空气压缩机将缝隙清理干净，在缝隙中灌入黏性好的热橡胶沥青，将裂缝黏结，防止渗漏；对于小而多的裂缝可用土工织物加固，土工织物的纤维可以将裂缝缝合，防止裂缝继续开裂和向上反射。土工布（网）铺在地面上，刷上黏层沥青，将土工织物粘在路面上，防止摊铺施工时翘起。
- 凹陷的部位清除浮土用沥青混合料或水泥混凝土整平，面积较大凹陷的部位可分层整平，每层最大厚度不宜超过10cm，填补时可按图1.19的方法施工。
- 旧的沥青路面出现拥包，水泥路面出现错台，应进行整平，对高出的部位用铣刨机铣平。
- 重交通量的旧水泥路面，铺筑沥青混合料时，一般要用铣刨机将旧路面刨出毛茬，使表面粗糙，增加沥青混合料的附着力。

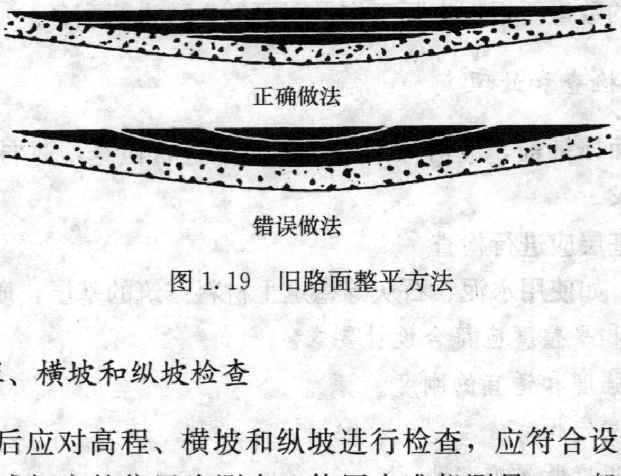

图1.19　旧路面整平方法

3. 基层的高程、横坡和纵坡检查

基层修整完成后应对高程、横坡和纵坡进行检查，应符合设计要求。高程测量的位置可以以桩号或相应的位置为测点，使用水准仪测量，一般平直的路段每10m为一个测点，横向每5m测量一点，点位在路面上呈矩形网状。拐弯处、上下坡处高度有变化的位置应增加测点，每5m一个测点，呈5m×5m方格网状。将测量的高程偏差换算成需要摊铺的厚度值，将摊铺厚度值标记在路面上，以便摊铺时控制摊铺厚度。

4. 对道路构筑物的检查和处理

道路上的构筑物有路缘石、检查井和雨水口等。

(1) 路缘石

路缘石是道路的边缘，砌筑的位置应符合道路的走向、宽度和线形要求。砌筑的直线地段应顺直，圆弧部分应饱满、圆滑，使道路边缘的线形美观。大多数情况路缘石作为摊铺机作业的纵坡基准，路缘石的高程和平整度会直接影响沥青混合料路面摊铺的高程和平整度，因此路缘石要精心砌筑。

路缘石的砌筑方法有两种，一种是使用水泥预制块路缘石砌筑，另一种是使用路缘石成型机砌筑。

① *水泥预制块路缘石的砌筑*　水泥预制块路缘石是在预制构件厂制成，再运到施工现场砌筑，应在铺筑沥青混合料路面前砌筑，或者在沥青层施工全部结束后安装。严禁在两层沥青层施工间隙中开挖、埋设，以免污染沥青层。

为了保证道路宽度准确，道路线形符合设计道路的走向，砌筑路缘石前应放线确定路缘石的砌筑位置。

为了保证路缘石高程砌筑的准确，路缘石的高程必须经过测量。可每间隔 3～5m 砌筑出一块标准位置和高度的路缘石，使用水平仪测量高程，用水泡水平尺测量路缘石的平整度。

砌筑两块标准路缘石之间的路缘石时，用刚性较好的铝合金梁搭在标准路缘石之间，这样砌筑的每一块路缘石就能达到标准的高度。也可用绷紧的线绳作为标准，但线绳易于产生下垂，且线绳较粗，不易看准，施工时应特别注意。

② *路缘石成型机砌筑路缘石*　使用路缘石成型机可以在沥青混合料路面施工前砌筑，也可以在路面施工后砌筑，砌筑材料可以使用水泥混凝土，也可以使用沥青混合料。

路缘石成型机可以在道路的边缘一次连续地将水泥混凝土或沥青混合料砌筑成路缘石。路缘石成型机有多种形式，如图 1.20 所示为一种结构简单的路缘石成型机，由车架 1、料斗 2、模型板 3、发动机 4、输送挤出装置 5 等组成。

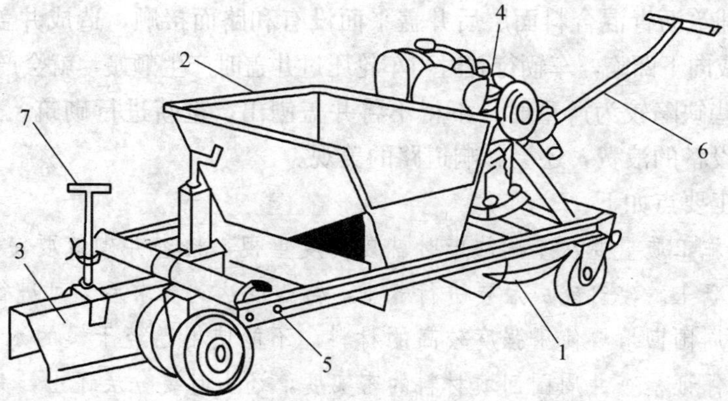

图 1.20　路缘石成型机

1-车架；2-料斗；3-模型板；4-发动机；5-输送挤出装置；6-行进方向控制杆；7-模型板高度调整螺杆

作业时将搅拌好的水泥混凝土或沥青混合料倒入料斗 2 内，发动机 4 带动输送挤出装置5内的螺旋输送器转动，将料斗内的材料输出，挤入模型板3内，混合料挤出的反作用力推动路缘石成型机前进，随着成型机的前进，模型板的后方就砌筑成与模型板形状相同的带状路缘石。

操作人员通过前面的方向控制杆6控制车架1的行进方向，保证成型机行驶直顺。

模型板高度调整螺杆7可以调整模型板的高度，控制路缘石砌筑的高度，保证路缘石的水平及高程。

(2) 检查井盖

城市的基础设施如自来水管线、污水管线、电力、电信线路一般都在道路下面，检查井用于检查和维修这些管线和线路，对位于路面上的检查井施工时应特别注意。

检查井易出现如下问题：

① *检查井下沉* 检查井盖的基础一般是由砖和砂浆砌筑而成，如果砖的强度不够或砂浆的强度不够会使检查井盖基础的强度不够，道路通车后使用一段时间，经过重型车辆的碾压，造成井盖下沉。

② *检查井周围路面损坏和塌陷* 检查井盖砌筑完成后，如果回填土夯实不够，会使井盖周围土基塌陷。周围土基的塌陷，会使井盖周围铺筑的沥青混合料路面出现松散和开裂，裂缝经雨水浸泡后松散部位就会脱落，使检查井周围出现凹坑，凹坑易于产生积水，会浸泡检查井盖周围的基础，使基础的强度进一步降低，造成井盖周围路面大面积损坏。

砌筑检查井和周围回填使用的材料是水泥混凝土，水泥的硬化一般需要一周的养生时间，如果水泥没有完全硬化就通车，检查井经过车辆碾压后，会使材料出现松散，强度大为降低，日后也会造成检查井或周围路面塌陷。

③ *井盖表面砌筑不平，造成行车时“跳车”* 井盖表面砌筑不平或井盖高程与道路的高程不同，铺筑沥青混合料面层后井盖平面没有和路面接顺，造成井盖及周围不平，井盖凸出地面或向下凹陷，车辆行驶时当车轮压过井盖时产生颠簸，就会产生“跳车”。

当以上这些缺陷较为严重时，不得不将井盖刨出，重新进行砌筑，这样返工不但会造成人员和设备的浪费，还会影响道路的美观。

检查井施工要点如下：

- 检查井施工质量要从基础施工时就要高度重视，检查井砌筑要使用规定强度的水泥混凝土。砌筑完成后要进行养生，待强度达到要求后方可进行下一道工序。
- 检查井周围回填要使用强度较高的材料，不能使用已经干燥的水泥或白灰土填筑。要保证检查井周围回填材料的密实度，还土时要分层还土，分层夯实。
- 在铺筑底面层和中面层时检查井不用砌牢，只是用盖子盖住井口，防止混合料掉入检查井，井盖的高度应略低于摊铺平面。如果井盖的高度高于摊铺平面，摊铺作业时摊铺机的熨平板可能撞上井盖，造成熨平板变形或损坏。
- 摊铺面层沥青混合料前，应将井盖砌筑牢固，砌筑的高度与摊铺的面层高度相同，并使表面水平。

(3) 雨水口

雨水口在道路的边缘，处理方法与检查井相同，为了使雨水口流水畅通，砌筑雨水口要低于路面。雨水箅子有漏水的孔，摊铺时会使混合料漏入雨水口内，摊铺前应事先准备木板或铁板，摊铺时将雨水口盖起来。

5. 水泥混凝土桥面的检查和处理

水泥混凝土桥面的检查和处理应注意以下几点：

第一，混凝土桥面施工必须在桥梁结构混凝土养生完全，全部干燥硬化后进行。

第二，桥面必须平整，桥面平整度不好必然造成铺筑的混合料薄厚不均，薄处的沥青混合料铺筑层就易于损坏。

第三，混凝土结构的表面必须有一定的粗糙度，以保证沥青混合料或防水层与桥面有较好的抵抗横向力的能力。桥面不平度和表面粗糙度可采用铣刨机处理。

第四，铺装前应将桥面清扫干净，表面干燥。

第五，根据设计要求选择防水材料，要按照防水层的施工要求进行铺装，桥面防水层通常按使用的材料分为以下几种。

(1) 热沥青、改性沥青、溶剂稀释沥青或改性乳化沥青

热沥青、改性沥青、溶剂稀释沥青或改性乳化沥青施工要点如下：

- 可采用人工涂刷。
- 分2～3层，达到设计的厚度。
- 铺层厚度要均匀。
- 铺装完成后应立即撒布一层3～5mm的石屑作保护。
- 用小型压路机碾压，使石屑完全粘附在沥青层内。

(2) 防水卷材

防水卷材铺设要点如下：

- 防水卷材内部为化纤或金属织物，外部附着厚厚的沥青，表面有石屑撒布层。防水卷材应质地均匀，不能有开裂和破洞。
- 铺设前在桥面上涂刷黏层沥青或黏结剂。
- 铺设时，一边打开卷材，一边用喷灯对地面和防水卷材加热，一边将卷材黏结在地面上。
- 铺装必须黏结牢固，不能有气泡，不能有翘边或卷边。
- 铺设完成后要认真保护，防止在进行其他工序施工时人为损坏防水卷材或将防水卷材撕开。
- 整个施工过程不能有车辆和行人通行，防水层施工完成后车辆通行时车速要慢，不能在铺装层上紧急制动、掉头。

小　结

通过本项目的学习，掌握沥青混合料路面施工组织机构的组成和技术准备内容，并能结合路面工程实际进行摊铺现场施工人员的组织，对铺筑基础、基层的高程、横坡和纵坡进行检查，对道路构筑物、水泥混凝土桥面进行检查和处理，以满足路面施工的要求；并能按照沥青混合料路面施工程序进行施工，掌握保证路面施工质量控制的环节。

复习思考题

1. 道路建设的程序是什么？
2. 沥青混合料面层的施工流程是什么？
3. 沥青混合料面层施工组织中技术准备包含哪些内容？
4. 沥青混合料面层现场准备包含哪些内容？

实训

根据教师给定的施工组织设计文件（或利用本书中给定的图表）就施工准备各项内容展开讨论，掌握施工准备的内容，读懂各个施工图表。

单元2

沥青路面常用材料要求

教学目标

1. 掌握沥青混合料常用矿料种类及各矿料的主要技术控制指标内容
2. 能够利用仪器正确进行各矿料的质检和控制
3. 能够在现场用正确的方法对各种材料进行取样

项目 2.1 沥青材料

教学目标

1. 了解乳化沥青的基本知识
2. 掌握满足施工要求的沥青技术指标和沥青的贮运方法
3. 掌握透层、黏层和封层的定义、使用条件和施工方法

2.1.1 沥青的技术性质与检测

1. 路用沥青

(1) 道路石油沥青选择

沥青路面所使用沥青等级应根据气候条件和沥青混合料类型、道路等级、交通性质、路面类型、施工方法以及当地使用经验等因素并经技术论证确定。在夏季温度高或高温持续时间长的地区，应采用稠度高、针入度小的沥青；而在冬季寒冷地区，则宜采用稠度低、针入度大、低温劲度较小的沥青；对于昼夜温差较大的地区还应考虑选择针入度指数较大、感温性较低的沥青。对于重载交通路段、高速公路等渠化交通路段、山区及丘陵区上坡路段、服务区、停车场等行车速度慢的路段，为了提高沥青混合料的强度，应选用稠度高、针入度较小的沥青，即提高高温气候分区的温度水平来选择沥青；对于交通量小、公路等级低的路段可选用稠度略小、针入度略大的沥青。

沥青材料运至现场后必须取样进行质量检验，经评定合格后方可使用，不得以供应商提供的检测报告或商检报告代替现场检测。道路石油沥青的选用和技术性质应符合表 2.1 和表 2.2 的要求。

表 2.1　道路石油沥青的使用范围

沥青等级	适用范围
A 级沥青	各个等级的公路；适用于任何场合和层次
B 级沥青	1. 高速公路、一级公路沥青下面层及以下的层次、二级及以下公路的各个层次 2. 用作改性沥青、乳化沥青、改性乳化沥青、稀释沥青的基质沥青
C 级沥青	三级及以下公路的各个层次

表 2.2　道路石油沥青技术要求

指　　标	单位	等级	沥青标号																	试验方法①
			160 号④	130 号④	110 号			90 号					70 号③					50 号③	30 号④	
针入度(25℃,5s,100g)	0.1mm		140～200	120～140	100～120			80～100					60～80					40～60	20～40	T 0604
适用的气候分区⑥			注④	注④	2－1	2－2	3－2	1－1	1－2	1－3	2－2	2－3	1－3	1－4	2－2	2－3	2－4	1－4	注④	注⑥
针入度指数 PI②		A	－1.5～＋1.0																	T 0604
		B	－1.8～＋1.0																	
软化点(R&B),不小于	℃	A	38	40	43			45			44		46		45			49	55	T 0606
		B	36	39	42			43			42		44		43			46	53	
		C	35	37	41			42					43					45	50	
60℃动力黏度②,不小于	Pa·s	A	—	60	120			160			140		180		160			200	260	T 0620
10℃延度②,不小于	cm	A	50	50	40			45	30	20	30	20	20	15	25	20	15	15	10	T 0605
		B	30	30	30			30	20	15	20	15	15	10	20	15	10	10	8	
15℃延度,不小于	cm	A、B	100															80	50	
		C	80	80	60			50					40					30	20	
蜡含量(蒸馏法),不大于	%	A	2.2																	T 0615
		B	3.0																	
		C	4.5																	
闪点,不小于	℃		230					245					260							T 0611
溶解度,不小于	%		99.5																	T 0607
密度(15℃)	g/cm³	实测记录																		T 0603
TFOT(或 RTFOT)后⑤																				T 0610 或 T 0609
质量变化,不大于	%		±0.8																	

续表

指　标	单位	等级	沥青标号							试验方法①
			160 号④	130 号④	110 号	90 号	70 号③	50 号③	30 号④	
残留针入度比，不小于	%	A	48	54	55	57	61	63	65	T 0604
		B	45	50	52	54	58	60	62	
		C	40	45	48	50	54	58	60	
残留延度(10℃)，不小于	cm	A	12	12	10	8	6	4	—	T 0605
		B	10	10	8	6	4	2	—	
残留延度(15℃)，不小于	cm	C	40	35	30	20	15	10	—	

① 试验方法按现《公路工程沥青及沥青混合料试验规程》(JTJ 052—2000) 规定的方法执行。

② 表中 PI 值、60℃动力黏度值、10℃延度值可作为选择性指标，也可不作为施工质量检验指标。

③ 70 号沥青可提供针入度范围为 60～70 或 70～80 的沥青，50 号沥青可提供针入度范围为 40～50 或 50～60 的沥青。

④ 30 号沥青仅适用于沥青稳定基层，130 号和 160 号沥青通常作乳化沥青、稀释沥青、改性沥青的基质沥青。

⑤ 老化试验以 TFOT 为准，也可以 RTFOT 代替。

⑥ 气候分区见表 2.3。

表2.3　气候分区与沥青标号

气候区名	最热月平均最高气温	年极端最低气温	适宜的沥青标号	备注
1－1 夏炎热冬严寒	＞30	＜－37.0	90号	
1－2 夏炎热冬寒		－37.0～－21.5	90号	
1－3 夏炎热冬冷		－21.5～－9.0	90号、70号	
1－4 夏炎热冬温		＞－9.0	70号	
2－1 夏热冬严寒	20～30	＜－37.0	110号	
2－2 夏热冬寒		－37.0～－21.5	110号、90号、70号	
2－3 夏热冬冷		－21.5～－9.0	90号、70号	
2－4 夏热冬温		＞－9.0	70号	
3－1 夏凉冬严寒	＜20	＜－37.0		不存在
3－2 夏凉冬寒		－37.0～－21.5	110号	
3－3 夏凉冬冷		－21.5～－9.0		不存在
3－4 夏凉冬温		＞－9.0		不存在

(2) 液体沥青

液体石油沥青适用于透层、黏层及拌制冷拌沥青混合料。根据使用目的与场所，可选用快凝、中凝、慢凝的液体石油沥青，其质量应符合表2.4规定。

近年来许多工程在半刚性基层上喷洒稀释沥青透层油取得了良好效果，这时要注意选用沥青本身针入度较大的沥青，以节省煤油比例，使用前按先加热沥青后加稀释剂的顺序，掺配煤油或轻柴油，经适当的搅拌、稀释制成。掺配比例根据使用要求由试验确定。

液体石油沥青在制作、贮存、使用的全过程中必须通风良好，并有专人负责，确保安全。基质沥青的加热温度严禁超过140℃，液体沥青的贮存温度不得高于50℃。

(3) 乳化沥青

乳化沥青适用于沥青表面处治路面、沥青贯入式路面、冷拌沥青混合料路面、修补裂缝、喷洒透层、黏层与封层等。乳化沥青的品种和适用范围宜符合表2.5的规定。

表 2.4 道路用液体石油沥青技术要求

试验项目		单位	快凝		中凝						慢凝						试验方法
			AL(R)-1	AL(R)-2	AL(M)-1	AL(M)-2	AL(M)-3	AL(M)-4	AL(M)-5	AL(M)-6	AL(S)-1	AL(S)-2	AL(S)-3	AL(S)-4	AL(S)-5	AL(S)-6	
黏度	$C_{25,5}$	s	<20	—	<20	—	—	—	—	—	<20	—	—	—	—		T 0621
	$C_{60,5}$	s	—	5～15	—	5～15	16～25	26～40	41～100	101～200	—	5～15	16～25	26～40	41～100	101～200	
蒸馏体积	225℃前	%	>20	>15	<10	<7	<3	<2	0	0	—	—	—	—	—	—	T 0632
	315℃前	%	>35	>30	<35	<25	<17	<14	<8	<5	—	—	—	—	—	—	
	360℃前	%	>45	>35	<50	<35	<30	<25	<20	<15	<40	<35	<25	<20	<15	<5	
蒸馏后残留物	针入度(25℃)	0.1mm	60～200	60～200	100～300	100～300	100～300	100～300	100～300	100～300	—	—	—	—	—	—	T 0604
	延度(25℃)	cm	>60	>60	>60	>60	>60	>60	>60	>60	—	—	—	—	—	—	T 0605
	漂浮度(25℃)	s	—	—	—	—	—	—	—	—	<20	>20	>30	>40	>45	>50	T 0631
闪点(TOC 法)		℃	>30	>30	>65	>65	>65	>65	>65	>65	>70	>70	>100	>100	>120	>120	T 0633
含水量,不大于		%	0.2	0.2	0.2	0.2	0.2	0.2	0.2	0.2	2.0	2.0	2.0	2.0	2.0	2.0	T 0612

表 2.5　乳化沥青品种及适用范围

分　类	品种及代号	适用范围
阳离子乳化沥青	PC－1	表面处治、贯入式路面及下封层用
	PC－2	透层油及基层养生用
	PC－3	黏层油用
	BC－1	稀浆封层或冷拌沥青混合料用
阴离子乳化沥青	PA－1	表面处治、贯入式路面及下封层用
	PA－2	透层油及基层养生用
	PA－3	黏层油用
	BA－1	稀浆封层或冷拌沥青混合料用
非离子乳化沥青	PN－2	黏层油用
	BN－1	与水泥稳定集料同时使用（基层路拌或养生）

乳化沥青的质量应符合表 2.6 的规定。在高温条件下宜采用黏度较大的乳化沥青，寒冷条件下宜使用黏度较小的乳化沥青。

表 2.6　道路用乳化沥青技术要求

<table>
<tr><th colspan="2" rowspan="4">试验项目</th><th rowspan="4">单位</th><th colspan="10">品种及代号</th><th rowspan="4">试验方法</th></tr>
<tr><th colspan="4">阳离子</th><th colspan="4">阴离子</th><th colspan="2">非离子</th></tr>
<tr><th colspan="2">喷洒用</th><th colspan="2">拌和用</th><th colspan="3">喷洒用</th><th>拌和用</th><th>喷洒用</th><th>拌和用</th></tr>
<tr><th>PC－1</th><th>PC－2</th><th>PC－3</th><th>BC－1</th><th>PA－1</th><th>PA－2</th><th>PA－3</th><th>BA－1</th><th>PN－2</th><th>BN－1</th></tr>
<tr><td colspan="2">破乳速度</td><td></td><td>快裂</td><td>慢裂</td><td>快裂或中裂</td><td>慢裂或中裂</td><td>快裂</td><td>慢裂</td><td>快裂或中裂</td><td>慢裂或中裂</td><td>慢裂</td><td>慢裂</td><td>T 0658</td></tr>
<tr><td colspan="2">粒子电荷</td><td></td><td colspan="4">阳离子（+）</td><td colspan="4">阴离子（－）</td><td colspan="2">非离子</td><td>T 0653</td></tr>
<tr><td colspan="2">筛上残留物（1.18mm 筛），不大于</td><td>%</td><td colspan="4">0.1</td><td colspan="4">0.1</td><td colspan="2">0.1</td><td>T 0652</td></tr>
<tr><td rowspan="2">黏度</td><td>恩格拉黏度计 E_{25}</td><td></td><td>2～10</td><td>1～6</td><td>1～6</td><td>2～30</td><td>2～10</td><td>1～6</td><td>1～6</td><td>2～30</td><td>1～6</td><td>2～30</td><td>T 0622</td></tr>
<tr><td>道路标准黏度计 $C_{25,5}$</td><td>s</td><td>10～25</td><td>8～20</td><td>8～20</td><td>10～60</td><td>10～25</td><td>8～20</td><td>8～20</td><td>10～60</td><td>8～20</td><td>10～60</td><td>T 0621</td></tr>
<tr><td rowspan="4">蒸发残留物</td><td>残留分含量，不小于</td><td>%</td><td>50</td><td>50</td><td>50</td><td>55</td><td>50</td><td>50</td><td>50</td><td>55</td><td>50</td><td>55</td><td>T 0651</td></tr>
<tr><td>溶解度，不小于</td><td>%</td><td colspan="4">97.5</td><td colspan="4">97.5</td><td colspan="2">97.5</td><td>T 0607</td></tr>
<tr><td>针入度（25℃）</td><td>0.1mm</td><td>50～200</td><td>50～300</td><td colspan="2">45～150</td><td>50～200</td><td>50～300</td><td colspan="2">45～150</td><td>50～300</td><td>60～300</td><td>T 0604</td></tr>
<tr><td>延度（15℃），不小于</td><td>cm</td><td colspan="4">40</td><td colspan="4">40</td><td>40</td><td></td><td>T 0605</td></tr>
<tr><td colspan="2">与粗集料的黏附性，裹覆面积，不小于</td><td></td><td colspan="3">2/3</td><td>—</td><td colspan="3">2/3</td><td>—</td><td>2/3</td><td>—</td><td>T 0654</td></tr>
<tr><td colspan="2">与粗、细粒式集料拌和试验</td><td></td><td colspan="3">—</td><td>均匀</td><td colspan="3">—</td><td>均匀</td><td colspan="2">—</td><td>T 0654</td></tr>
</table>

续表

试验项目	单位	品种及代号										试验方法
		阳离子				阴离子				非离子		
		喷洒用			拌和用	喷洒用			拌和用	喷洒用	拌和用	
		PC－1	PC－2	PC－3	BC－1	PA－1	PA－2	PA－3	BA－1	PN－2	BN－1	
水泥拌和试验的筛上剩余，不大于	%	—				—				—	3	T 0657
常温贮存稳定性： 1d，不大于 5d，不大于	%	1 5				1 5				1 5		T 0655

注：1. P为喷洒型，B为拌和型，C、A、N分别表示阳离子、阴离子、非离子乳化沥青。

2. 黏度可选用恩格拉黏度计或沥青标准黏度计之一测定。

3. 表中的破乳速度与集料的黏附性、拌和试验的要求、所使用的石料品种有关，质量检验时应采用工程上实际的石料进行试验，仅进行乳化沥青产品质量评定时可不要求此三项指标。

4. 贮存稳定性根据施工实际情况选用试验时间，通常采用5d，乳液生产后能在当天使用时也可用1d的稳定性。

5. 当乳化沥青需要在低温冰冻条件下贮存或使用时，尚需按T 0656进行－5℃低温贮存稳定性试验，要求没有粗颗粒、不结块。

6. 如果乳化沥青是将高浓度产品运到现场经稀释后使用时，表中的蒸发残留物等各项指标指稀释前乳化沥青的要求。

乳化沥青类型根据集料品种及使用条件选择。阳离子乳化沥青可适用于各种集料品种，阴离子乳化沥青运用于碱性石料。乳化沥青的破乳速度、黏度宜根据用途与施工方法选择。

制备乳化沥青用的基质沥青，对高速公路和一级公路，宜符合道路石油沥青A、B级沥青的要求，其他情况可采用C级沥青。

(4) 煤沥青

道路用煤沥青的标号根据气候条件、施工温度、使用目的选用，其质量应符合表2.7的规定。

表2.7 道路用煤沥青技术要求

试验项目		T－1	T－2	T－3	T－4	T－5	T－6	T－7	T－8	T－9	试验方法
黏度/s	$C_{30,5}$	5～25	26～70								T 0621
	$C_{30,10}$			5～25	26～50	51～120	121～200				
	$C_{50,10}$							10～75	76～200		
	$C_{60,10}$									35～65	
蒸馏试验，馏出量/%	170℃前，不大于	3	3	3	2	1.5	1.5	1.0	1.0	1.0	T 0641
	270℃前，不大于	20	20	20	15	15	15	10	10	10	
	300℃前，不大于	15～35	15～35	30	30	25	25	20	20	15	

续表

试验项目	T－1	T－2	T－3	T－4	T－5	T－6	T－7	T－8	T－9	试验方法
300℃蒸馏残留物软化点（环球法）/℃	30～45	30～45	35～65	35～65	35～65	35～65	40～70	40～70	40～70	T 0606
水分，不大于/%	1.0	1.0	1.0	1.0	1.0	0.5	0.5	0.5	0.5	T 0612
甲苯不溶物，不大于/%	20	20	20	20	20	20	20	20	20	T 0646
萘含量，不大于/%	5	5	5	4	4	3.5	3	2	2	T 0645
焦油酸含量，不大于/%	4	4	3	3	2.5	2.5	1.5	1.5	1.5	T 0642

道路用煤沥青适用于下列情况：

- 各种等级公路的各种基层上的透层，宜采用 T—1 或 T—2 级，其他等级不合喷洒要求时可适当稀释使用。
- 三级及三级以下的公路铺筑表面处治或贯入式沥青路面，宜采用 T—5、T—6 或 T—7 级。
- 与道路石油沥青、乳化沥青混合使用，以改善渗透性。

道路用煤沥青严禁用于热拌热铺的沥青混合料，作其他用途时的贮存温度宜为 70～90℃，且不得长时间贮存。

(5) 改性沥青

各类聚合物改性沥青的质量应符合表 2.8 的技术要求，当使用表列以外的聚合物及复合改性沥青时可通过试验研究制定相应的技术要求。

表 2.8 聚合物改性沥青技术要求

指标	单位	SBS类（Ⅰ类）				SBR（Ⅱ类）			EVA、PE类（Ⅲ类）				试验方法
		Ⅰ－A	Ⅰ－B	Ⅰ－C	Ⅰ－D	Ⅱ－A	Ⅱ－B	Ⅱ－C	Ⅲ－A	Ⅲ－B	Ⅲ－C	Ⅲ－D	T 0604
针入度 25℃，100g，5s	0.1mm	＞100	80～100	60～80	40～60	＞100	80～100	60～80	＞80	60～80	40～60	30～40	T 0604
针入度指数 PI，不小于		－1.2	－0.8	－0.4	0	－1.0	－0.8	－0.6	－1.0	－0.8	－0.6	－0.4	T 0604
延度 5℃，5cm/min，不小于	cm	50	40	30	20	60	50	40	—				T 0605
软化点 $T_{R\&B}$，不小于	℃	45	50	55	60	45	48	50	48	52	56	60	T 0606
运动黏度[①] 135℃，不大于	Pa·s	3											T 0625 T 0619
闪点，不小于	℃	230				230			230				T 0611
溶解度，不小于	%	99				99			—				T 0607

续表

指标	单位	SBS类（Ⅰ类）				SBR（Ⅱ类）			EVA、PE类（Ⅲ类）				试验方法
		Ⅰ—A	Ⅰ—B	Ⅰ—C	Ⅰ—D	Ⅱ—A	Ⅱ—B	Ⅱ—C	Ⅲ—A	Ⅲ—B	Ⅲ—C	Ⅲ—D	T 0604
弹性恢复25℃，不小于	%	55	60	65	75	—			—				T 0662
黏韧性，不小于	N·m	—				5			—				T 0624
黏性，不小于	N·m	—				2.5			—				T 0624
贮存稳定性[2]离析，48h软化点差，不大于	℃	2.5				—			无改性剂明显析出、凝聚				T 0661
TFOT（或RTFOT）后残留物													
质量变化，不大于	%	±1.0											T 0610或T 0609
针入度比25℃，不小于	%	50	55	60	65	50	55	60	50	55	58	60	T 0604
延度5℃，不小于	cm	30	25	20	15	30	20	10	—				T 0605

① 表中135℃运动黏度可采用《公路工程沥青及沥青混合料试验规程》(JTJ 052—2000）中的"沥青布氏旋转黏度试验方法（布洛克菲尔德黏度计法）"进行测定。若在不改变改性沥青物理力学性质并符合安全条件的温度下易于泵送和拌和，或经证明适当提高泵送和拌和温度时能保证改性沥青的质量，容易施工，可不要求测定。

② 贮存稳定性指标适用于工厂生产的成品改性沥青。现场制作的改性沥青对贮存稳定性指标可不作要求，但必须在制作后，保持不间断的搅拌或泵送循环，保证使用前没有明显的离析。

制造改性沥青的基质沥青应与改性剂有良好的配伍性，其质量宜符合A级或B级道路石油沥青的技术要求。供应商在提供改性沥青的质量报告时应提供基质沥青的质量检验报告或沥青样品。

现场制造的改性沥青宜随配随用，需作短时间保存，或运送到附近的工地时，使用前必须搅拌均匀．在不发生离析的状态下使用。改性沥青制作设备必须设有随机采集样品的取样口，采集的试样宜立即在现场灌模。

工厂制作的成品改性沥青到达施工现场后存贮在改性沥青罐中，改性沥青罐中必须加设搅拌设备并进行搅拌，使用前改性沥青必须搅拌均匀。在施工过程中应定期取样检验产品质量，发现离析等质量不符要求的改性沥青不得使用。

2. 沥青储存与运输

(1) 沥青贮运注意事项

沥青材料在运输及贮存中必须合理组织，否则将影响沥青性质及其安全。

固体沥青材料可用竹篓衬纸包装，液体或半固体沥青材料可用铁桶装运。

沥青材料在贮存及运输过程中应注意以下几点：

- 要防止混入杂质和砂。因混入杂质后会降低沥青的技术性质，并会使油管堵塞，给施工造成困难。
- 沥青在贮运、使用及存放过程中应有良好的防水措施，并应避免雨水或加热管道蒸汽进入沥青罐中，造成材料损失，降低工程质量。
- 沥青有毒，在运输、贮存过程中必须采取必要的防护措施，严格遵守操作规程，防止发生中毒事故。
- 沥青贮运站及沥青混合料拌和厂必须将不同来源、不同标号的沥青分开存放，不得混杂。
- 在使用期间，沥青在罐或贮油池中贮存的温度不宜低于130℃并不得高于180℃。在冬季停止施工期间，沥青可在低温状态下存放。沥青应避免长时间存放。如在较长时间存放的沥青在使用前应抽样检验，不符合要求者不得使用。
- 在同一工程使用不同沥青时，应明确记录各种不同沥青所使用的路段及部位。

(2) 沥青贮运设备

由于沥青特性的影响，沥青会呈液态或固态，这给储存、运输和保管带来很大困难。为了便于使用、储存和保管，应使沥青经常保持在液态，这就必须设置一些专供的储运设备。

沥青多采用储油池来储存，按容量不同有100t、200t、250t、500t、1000t、2500t、5000t、10 000t或更大的储油池。油池的大小主要取决于工程的布点和所辖工程量的大小。

此外，储油池和储油设备按容量不同又分为移动式、固定式、临时性和永久性的几种。

① 移动式储油罐　移动式多制成储油罐，一般容量为5t、10t、20t、30t、50t、500t或更大的储油罐，保温能力为24h降温2～3℃。油罐的外部设有保温层，内部有循环加温设备。它可以安装在载重汽车或拖车上。这种油罐适用于施工工地与沥青基地之间的运输。

② 临时性储油池　临时储油池的容量可根据实际需要而定。油池可以用挖浅坑，坑底略有倾斜，或者在平地上筑围墙围成油池。这种油池没有加热设备，多是在无储油设备时的临时处理方法。

③ 永久性和固定式储油设施　永久性和固定式存储设备是作为沥青供应基地而设置的。常用的有永久性储油池和储油罐（立式或卧式）。由于供应的范围大、要求高，因此储油设备必须通过周密的规划和设计方可确定，一般应考虑以下几方面问题：

- 储油设施位置的选择。储油设施的地址首先应根据交通和装卸的条件决定。如沥青由铁路运输，则地址应尽量选在铁路线附近，必要时可修铁路专用线；如由水路运输，必须修建码头；如由炼油厂直接运来，则可用保温油罐车运送。

- 沥青装卸运输机械。为便于沥青的装卸，一般保温油罐车多装有受热面较大的蛇管加热设备，使沥青升温，变为液体由罐内卸出。此外为了加快罐内升温，也可采用特制的循环器加热。它先用沥青泵将沥青（液态）由罐内抽入循环器，加热升温后，再将灼热的沥青由罐内上部的加料口送入罐内，使先加热的沥青将热量传给罐内温度较低的沥青。这样周而复始的循环，使罐内沥青温度都升到能顺利卸出的温度。必要时可用两种方法同时加热。沥青供热设备本着节约能源、减少环境污染、降低工人劳动强度、提高加热效率的原则，经常使用的有电加热、煤加热、热风加热和导热油加热几种方法。

④ 永久性储油池　永久性储油池多采用水泥混凝土在地下或地上制成油池。其形状多制成圆形或长方形，池上搭棚，以利于防雨和保温。池的底部多制成斜向中心的凹面，并在其中设置油井。池底密布加热管，管长和受热面积应根据沥青加热温度的要求设计确定。在池中的井内应另外安装蛇形盘管，它主要是供加热输出的沥青。

3. 沥青抽样

(1) 取样

取样有以下几种方式。

① 从贮油罐中取样　从贮油罐中取样又分两种情况。

第一种为从无搅拌设备的贮罐中取样，其步骤如下：

第一步☞　液体沥青或经加热已经变成流体的黏稠沥青取样时，应先关闭进油阀和出油阀，然后取样。

⇩

第二步☞　用取样器按液面上、中、下位置（液面高各为 1/3 等分处，但距罐底不得低于总液面高度的 1/6）各取规定数量样品。每层取样后取样器应尽可能倒净。当储罐过深时，亦可在流出口按不同流出深度分 3 次取样。对静态存取的沥青，不得仅从罐顶用小桶取样，也不能仅从罐底阀门流出少量沥青取样。

⇩

第三步☞　将取出的 3 个样品充分混合后取规定数量样品作为试样。样品也可分别进行检验。

第二种为从有搅拌设备的贮罐中取样，其过程是将液体沥青或经加热已经变成流体的黏稠沥青充分搅拌后，用取样器从沥青层的中部取规定数量试样。

② 从槽车、罐车、沥青洒布车中取样　一般有以下三种情况：当设有取样阀时，可旋开取样阀，待流出至少 4kg 或 4L 后再取样。

仅有放料阀时，待放出全部沥青的一半时再取样。

从顶盖处取样，可用取样器从中部取样。

③ 在装料或卸料过程中取样　在装料或卸料过程中取样时，要按时间间隔均匀地取至少3个规定数量样品，然后将这些样品充分混合后取规定数量样品作为试样。样品也可分别进行检验。

④ 从沥青储存池中取样　沥青储存池中的沥青应待加热熔化后，经管道或沥青泵流至沥青加热锅之后取样。分间隔每锅至少取3个样品，然后将这些样品充分混匀后再取规定数量作为试样。样品也可分别进行检验。

⑤ 从沥青运输船中取样　沥青运输船到港后，应分别从每个沥青仓中取样，每个仓从不同的部位取3个样品，混合在一起，作为一个仓的沥青样品供检验用。在卸油过程中取样时，应根据卸油量，大体均匀的间隔3次从卸油口或管道途中的取样口取样，然后混合作为一个样品供检验用。

⑥ 从沥青桶中取样　当能确认是同一批生产的产品时，可随机取样。如不能确认是同一批生产的产品时，应根据桶数按照表2.9规定或按总桶数的立方根数随机选出沥青桶数。

表2.9　选取沥青样品桶数

沥青桶总数	选取桶数	沥青桶总数	选取桶数
2～8	2	217～343	7
9～27	3	344～512	8
28～64	4	513～729	9
65～125	5	730～1000	10
126～216	6	1001～1331	11

将沥青桶加热使桶中沥青全部熔化成流体后，按罐车取样方法取样。每个样品的数量，以充分混合后能满足供检验用样品的规定数量要求为限。

若沥青桶不便加热熔化沥青时，亦可在桶高的中部将桶凿开取样，但样品应在距桶壁5cm以上的内部凿取，并采取措施防止样品散落地面沾有尘土。

⑦ 固体沥青取样　从桶、袋、箱装或散装整块中取样，应在表面以下及容器侧面以内至少5cm处采取。如沥青能够打碎，可用一个干净的工具将沥青打碎后取中间部分试样；若沥青是软塑的，则用一个干净的热工具切割取样。

(2) 试样的保护和存放

试样的保护和存放一般要注意以下几点：

- 除液体沥青、乳化沥青外，所有需加热的沥青试样必须存放在密封带盖的金属容器中，严禁灌入纸袋、塑料袋中存放。试样应存放在阴凉干净处，注意防止试样污染。装有试样的盛样器应加盖、密封，外部擦拭干净，并在其上标明试样来源、品种、取样日期、地点及取样人。

- 冬季乳化沥青试样要注意采取妥善防冻措施。
- 除试样的一部分用于检验外，其余试样应妥善保存备用。
- 试样需加热采取时，应一次取够一批试验所需的数量装入另一个盛样器中，其余试样密封保存，应尽量减少重复加热取样。用于质量仲裁检验的样品，重复加热的次数不得超过两次。

2.1.2 透层、黏层和封层

(1) 透层

① 透层的基本概念　透层是为了使沥青面层与非沥青材料基层结合良好，在基层上浇洒石油沥青、煤沥青、液体沥青或阳离子乳化沥青而形成的透入基层表面的薄层。沥青路面的级配砂砾、级配碎石基层及水泥、石灰、粉煤灰等无机结合料稳定土或稳定粒料的基层上均必须浇洒透层沥青，以保证面层和基层具有良好的结合界面。

② 透层的施工　用于半刚性基层的透层油宜紧接在基层碾压成型后表面稍变干燥，但尚未硬化的情况下喷洒。在无结合料粒料基层上洒布透层油时，宜在铺筑沥青层前1～2d洒布。透层油宜采用沥青洒布车一次喷洒均匀，使用的喷嘴宜根据透层油的种类和黏度选择并保证均匀喷洒，沥青洒布车喷洒不均匀时宜改用手工沥青洒布机喷洒，洒布应符合要求。喷洒透层油前应清扫路面，遮挡防护路缘石及人工构造物避免污染，透层油必须洒布均匀，有花白遗漏应人工补洒，喷洒过量的立即撒布石屑或砂吸油，必要时作适当碾压。透层油洒布后不得在表面形成能被运料车和摊铺机粘起的油皮，透层油达不到渗透深度要求时，应更换透层油稠度或品种。透层油洒布后的养生时间随透层油的品种和气候条件由试验确定，确保液体沥青中的稀释剂全部挥发，乳化沥青渗透且水分蒸发，然后尽早铺筑沥青面层，防止工程车辆损坏透层。具体施工流程如图2.1所示。

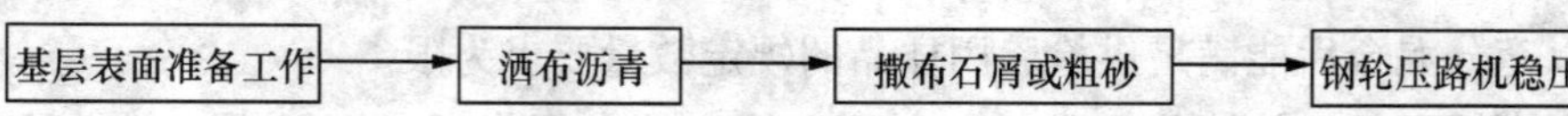

图2.1　透层施工工艺流程

③ 透层施工的注意事项　透层施工的注意事项如下：

- 浇洒透层前路面应清扫干净，必要时辅以铁锹铲除清扫不掉的硬块，尽量使基层表面骨料外露，以利于乳化沥青与基层的连接。对喷洒区附近的结构物和树木表面及人工构造物应加以保护，以免溅上沥青受到污染。
- 高速公路、一级公路的透层沥青应采用沥青洒布车喷洒，沥青洒布车在整个洒布宽度内必须喷洒均匀。宽度太宽时，应先洒靠近中央分隔带或路中间的一个车道，由内向外一个车道接着一个车道喷洒，洒布车喷完一个车道停车后，必须立即用油槽接住排油管滴下的乳化沥青，以防局部乳化沥青过多，污染基层表面。在铺筑沥青面层之前，若局部地方尚有多余的透层沥青未渗入基层时，应予清除。

- 如遇大风或即将降雨时，不得浇洒透层沥青，气温低于10℃时，也不宜浇洒透层沥青。
- 浇洒透层沥青后，严禁车辆、行人通过，沥青层必须在透层油完全渗透入基层后方可铺筑。
- 基层上设置下封层时，透层油不宜省略。
- 透层油用量通过试验确定，不宜超出表2.10要求的范围。

表2.10 沥青路面透层材料的规格和用量

用途	液体沥青		乳化沥青		煤沥青	
	规格	用量/(L/m²)	规格	用量/(L/m²)	规格	用量/(L/m²)
无机结合料粒料基层	AL(M)－1、2或3 AL(S)－1、2或3	1.0～2.3	PC－2 PA－2	1.0～2.0	T－1 T－2	1.0～1.5
半刚性基层	AL(M)－1或2 AL(S)－1或2	0.6～1.5	PC－2 PA－2	0.7～1.5	T－1 T－2	0.7～1.0

注：表中用量是指包括稀释剂和水分等在内的液体沥青、乳化沥青的总量。乳化沥青中的残留物含量以50%为基准。

(2) 黏层

① **黏层的基本概念** 黏层是为了加强路面的沥青层与沥青层之间、沥青层与水泥混凝土路面之间的黏结而洒布的沥青材料薄层。在水泥混凝土路面、旧沥青路面以及与新铺沥青混合料接触的路缘石、雨水进水口、检查井等的侧面均应洒布黏层沥青。对于双层式或三层式热拌热铺沥青混合料路面，在铺筑上一层之前，如果其下面的沥青层表面已被污染，也需洒布黏层沥青。

② **黏层的施工** 黏层施工流程如图2.2所示。

基层表面准备工作 → 洒布沥青

图2.2 黏层施工工艺流程

③ **黏层施工注意事项** 黏层施工应注意下列问题：

- 黏层沥青宜用沥青洒布车喷洒，在路缘石、雨水进水口、检查井等局部应用刷子人工涂刷。
- 路面有脏物尘土时应清除干净。当有粘黏的土块时，应用水刷净，待表面干燥后浇洒，浇洒过量处应予刮除。
- 当气温低于10℃或路面潮湿时，不得浇洒黏层沥青。
- 浇洒黏层沥青后，严禁除沥青混合料运输车以外的其他车辆、行人通过。
- 黏层沥青洒布后应紧接铺筑沥青层，但乳化沥青应待破乳、水分蒸发完后铺筑沥青层。

- 黏层油宜采用快裂或中裂乳化沥青、改性乳化沥青，也可采用快、中凝液体石油沥青，其规格和质量应符合施工规范的要求，所使用的基质沥青标号宜与主层沥青混合料相同。其品种和用量，应根据下卧层的类型通过试洒确定，并符合表 2.11 的要求。当黏层油上铺筑薄层大空隙排水路面时，黏层油的用量宜增加到 0.6～1.0L/m²。在沥青层之间兼作封层而喷洒的黏层油宜采用改性沥青或改性乳化沥青，其用量宜不少于 1.0L/m²。

表 2.11　沥青路面黏层材料的规格和用量表

下卧层类型	液体沥青		乳化沥青	
	规格	用量/(L/m²)	规格	用量/(L/m²)
新建沥青层或旧沥青路面	AL (R) −3～AL (R) −6 AL (M) −3～AL (M) −6	0.3～0.5	PC−3 PA−3	0.3～0.6
水泥混凝土	AL (M) −3～AL (M) −6 AL (S) −3～AL (S) −6	0.2～0.4	PC−3 PA−3	0.3～0.5

注：表中用量是指包括稀释剂和水分等在内的液体沥青、乳化沥青的总量。乳化沥青中的残留物含量以 50% 为基准。

(3) 封层

① 封层概述　封层是为了封闭路面结构层的表面空隙，防止水分浸入面层或基层而铺筑的沥青混合料薄层。其中，铺筑在面层表面的称为上封层，铺筑在面层下面的称为下封层。

上封层的类型根据使用目的、路面的破损程度按以下方式选用。

- 裂缝较细、较密的可采用涂洒类密封剂、软化再生剂等涂刷罩面。
- 对二级及二级以下公路的旧沥青路面可以采用普通的乳化沥青稀浆封层，也可在喷洒道路石油沥青后撒布石屑（砂）后碾压作为封层。
- 对高速公路、一级公路有轻微损坏的宜铺筑微表处。
- 对用于改善抗滑性能的上封层，可采用稀浆封层、微表处或改性沥青集料封层。

下封层宜采用层铺法表面处治或稀浆封层法施工。稀浆封层可采用乳化沥青或改性乳化沥青作结合料。下封层的厚度不宜小于 6mm，且做到完全密水。

以层铺法沥青表面处治铺筑下封层时，通常采用单层式，矿料用量宜为 (5～8) m³/1000m²，沥青用量可采用要求范围的中高限。

② 封层的施工　采用拌和法铺筑上封层及下封层，其施工工艺和要求与热拌沥青混合料完全相同，这里不再赘述，仅介绍层铺法沥青表面处治封层的施工。其施工流程如图 2.3 所示。

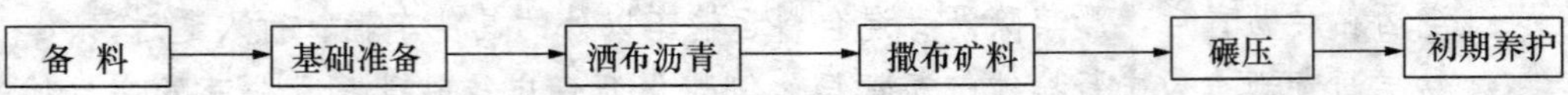

图 2.3　封层施工工艺流程

第一步	准备工作和路面附属物的处理 ☞	在沥青表面处治施工前，应对表处的基础及路面附属物进行处理，主要有路缘石、雨水口及各种管线检查井等，对不符合施工要求的基础和附属物进行整修。同时，根据施工计划准备需要的工程材料。在表面处治层施工前，应将路面基层清扫干净，使基层矿料大部分外露，并保持干燥。对有坑槽、不平整的路段应先修补和整平。若基础是路面基层，需浇洒透层沥青；若基层整体强度不足，则应先予补强。
⇩		
第二步	洒布沥青 ☞	在基层施工后，基层表面略干稍余水分时，乳化沥青由于有亲水性，沥青微粒随水分即能较好地渗入基层，一般在基层施工完成后1～2h洒布。乳化沥青洒布应均匀、数量准确，无花白条。 沥青洒布的长度应与矿料铺撒相配合，应避免沥青洒布后等待较长时间才铺撒矿料。在每段接茬处，可用铁板或建筑纸等横铺在本段起洒点前及终点后，宽度为1.0～1.5m。如需分两幅洒布时，应保证接茬搭接良好，纵向搭接宽度宜为10～15cm。
⇩		
第三步	集料撒布 ☞	在乳化沥青适当下渗和破乳之前进行集料撒布。两幅搭接处，第一幅洒布沥青后应暂留10～15cm宽度不撒矿料，待第二幅洒布沥青后一起铺撒矿料。
⇩		
第四步	碾压 ☞	撒布一段石屑后应立即用6～8t胶轮压路机碾压，碾压速度开始不宜超过2km/h，以后适当增加。碾压宜“先边后中”，叠压宽度30cm，碾压3～4遍。
⇩		
第五步	初期养护 ☞	除乳化沥青表面处治应待破乳后水分蒸发并基本成形后方可通车外，其他沥青表面处治在碾压结束后即可开放交通。通车初期应设专人指挥交通或设置障碍物控制行车，使路面全部宽度获得均匀压实。成型前应限制行车速度不超过20km/h。

在通车初期，如有泛油现象，应在泛油地点补撒与最后一层矿料规格相同的养护料（城市道路的养护料，宜在施工时与最后一遍料一起铺撒），并仔细扫匀，过多的浮动矿料应扫出路面外，以免搓动其他已经粘着在位的矿料，当有其他破坏现象，应及时进行修补。

小　结

本项目主要介绍了常见沥青类材料，通过本项目的学习，要求掌握路用沥青材料的主要技术性质和常规检测指标，掌握透层、黏层和封层的性能和施工方法。

复习思考题

1. 沥青材料分为哪几类？如何根据实际施工条件选择？常规检测指标有哪些？

2. 乳化沥青分为哪些种类？各适用于什么条件？常规检测指标有哪些？

3. 什么是改性沥青？使用时应注意什么？检测指标和普通沥青有何区别？

4. 沥青储运按设备不同分为哪几类？储运过程中应注意哪些问题？

5. 简述沥青材料的抽样方法，并结合已学知识小组讨论沥青试样制备过程、常规沥青技术性质指标检测方法和过程。

6. 什么是透层、黏层和封层？各适用于什么条件？如何施工？

项目 2.2　矿　料

教学目标

1. 掌握沥青混合料对矿料的要求
2. 掌握矿料技术性能的检测手段

2.2.1　沥青路面对粗集料技术性能的要求和检测手段

沥青层用粗集料包括碎石、破碎砾石、筛选砾石、钢渣、矿渣等，但高速公路和一级公路不得使用筛选砾石和矿渣。粗集料必须由具有生产许可证的采石场生产或施工单位自行加工。

粗集料应该洁净、干燥、表面粗糙，质量应符合表 2.12 的规定。当单一规格集料的质量指标达不到表中要求，而按照集料配合比计算的质量指标符合要求时，工程上允许使用。对受热易变质的集料，宜采用经拌和机烘干后的集料进行检验。

表 2.12　沥青混合料用粗集料质量技术要求

指标	单位	高速公路及一级公路		其他等级公路	试验方法
		表面层	其他层次		
石料压碎值，不大于	%	26	28	30	T 0316
洛杉矶磨耗损失，不大于	%	28	30	35	T 0317
表观相对密度，不小于	—	2.60	2.50	2.45	T 0304
吸水率，不大于	%	2.0	3.0	3.0	T 0304
坚固性，不大于	%	12	12	—	T 0314
针片状颗粒含量（混合料），不大于	%	15	18	20	T 0312
其中粒径大于 9.5mm，不大于	%	12	15	—	
其中粒径小于 9.5mm，不大于	%	18	20	—	
水洗法<0.075mm 颗粒含量，不大于	%	1	1	1	T 0310
软石含量，不大于	%	3	5	5	T 0320

注：1. 坚固性试验可根据需要进行。

2. 用于高速公路、一级公路时，多孔玄武岩的视密度可放宽至 2.45t/m^3，吸水率可放宽至 3%，但必须得到建设单位的批准。

3. 对 S14 即 3～5 规格的粗集料，针片状颗粒含量可不予要求，小于 0.075mm 颗粒的含量可放宽到 3%。

粗集料的粒径规格应按表 2.13 的规定生产和使用。

采石场在生产过程中必须彻底清除覆盖层及泥土夹层。生产碎石用的原石不得含有土块、杂物，集料成品不得堆放在泥土地上。

表 2.13　沥青混合料用粗集料规格

规格名称	公称粒径/mm	通过下列筛孔/mm的质量百分数/%												
		106	75	63	53	37.5	31.5	26.5	19.0	13.2	9.5	4.75	2.36	0.6
S1	40～75	100	90～100	—	—	0～15	—	0～5						
S2	40～60		100	90～100	—	0～15	—	0～5						
S3	30～60		100	90～100	—	—	0～15	—	0～5					
S4	25～50			100	90～100	—	—	0～15	—	0～5				
S5	20～40				100	90～100	—	—	0～15	—	0～5			
S6	15～30					100	90～100	—	0～15	—	0～5			
S7	10～30					100	90～100	—	—	—	0～15	0～5		
S8	15～25						100	90～100	—	0～15	—	0～5		
S9	10～20							100	90～100	—	0～15	0～5		
S10	10～15								100	90～100	0～15	0～5		
S11	5～15								100	90～100	40～70	0～15	0～5	
S12	5～10									100	90～100	0～15	0～5	
S13	3～10									100	90～100	40～70	0～20	0～5
S14	3～5										100	90～100	0～15	0～3

高速公路、一级公路沥青路面的表面层（或磨耗层）的粗集料的磨光值应符合表 2.14的要求。除 SMA、OGFC 路面外，允许在硬质粗集料中掺加部分较小粒径的磨光值达不到要求的粗集料，其最大掺加比例由磨光值试验确定。

粗集料与沥青的黏附性应符合表 2.14 的要求，当使用不符要求的粗集料时，宜掺加消石灰、水泥或用饱和石灰水处理后使用，必要时可同时在沥青中掺加耐热、耐水、长期性能好的抗剥落剂，也可采用改性沥青的措施，使沥青混合料的水稳定性检验达到要求。掺外加剂的剂量由沥青混合料的水稳定性检验确定。

表 2.14　粗集料与沥青的粘附性、磨光值的技术要求

雨量气候区	1（潮湿区）	2（湿润区）	3（半干区）	4（干旱区）	试验方法
年降雨量/mm	>1000	1000～500	500～250	<250	—
粗集料的磨光值 PSV，不小于 高速公路、一级公路表面层	42	40	38	36	T 0321
粗集料与沥青的黏附性，不小于					
高速公路、一级公路表面层	5	4	4	3	T 0616
高速公路、一级公路的其他层次及其他等级公路的各个层次	4	4	3	3	T 0663

破碎砾石应采用粒径大于50mm、含泥量不大于1%的砾石轧制，破碎砾石的破碎面应符合表2.15的要求。

筛选砾石仅适用于三级及三级以下公路的沥青表面处治路面。

经过破碎且存放期超过6个月以上的钢渣可作为粗集料使用。除吸水率允许适当放宽外，各项质量指标应符合表2.15的要求。钢渣在使用前应进行活性检验，要求钢渣中的游离氧化钙含量不大于3%，浸水膨胀率不大于2%。

表2.15　粗集料对破碎面的要求

路面部位或混合料类型	具有一定数量破碎面颗粒的含量/%		试验方法
	一个破碎面	2个或2个以上破碎面	
沥青路面表面层			T 0346
高速公路、一级公路，不小于	100	90	
其他等级公路，不小于	80	60	
沥青路面中下面层、基层			
高速公路、一级公路，不小于	90	80	
其他等级公路，不小于	70	50	
SMA混合料，不小于	100	90	
贯入式路面，不小于	80	60	

2.2.2　沥青路面对细集料技术性能的要求和检测手段

沥青路面的细集料包括天然砂、机制砂、石屑。细集料必须由具有生产许可证的采石场、采砂场生产。

细集料应洁净、干燥、无风化、无杂质，并有适当的颗粒级配，其质量应符合表2.16的规定。细集料的洁净程度，天然砂以小于0.075mm含量的百分数表示，石屑和机制砂以砂当量（适用于0～4.75mm）或亚甲蓝值（适用于0～2.36mm或0～0.15mm）表示。

表2.16　沥青混合料用细集料质量要求

项目	单位	高速公路、一级公路	其他等级公路	试验方法
表观相对密度，不小于	—	2.50	2.45	T 0328
坚固性（>0.3mm部分），不小于	%	12	—	T 0340
含泥量（小于0.075mm的含量），不大于	%	3	5	T 0333
砂当量，不小于	%	60	50	T 0334
亚甲蓝值，不大于	g/kg	25	—	T 0349
棱角性（流动时间），不小于	s	30	—	T 0345

注：坚固性试验可根据需要进行。

天然砂可采用河砂或海砂，通常宜采用粗、中砂，其规格应符合表2.17的规定。砂的含泥量超过规定时应水洗后使用，海砂中的贝壳类材料必须筛除。开采天然砂必须取得当地政府主管部门的许可，并符合水利及环境保护的要求。热拌密级配沥青混合料中天然砂的用量通常不宜超过集料总量的20%，SMA和OGFC混合料不宜使用天然砂。

石屑是采石场破碎石料时通过4.75mm或2.36mm的筛下部分，其规格应符合表2.18的要求。采石场在生产石屑的过程中应具备抽吸设备，高速公路和一级公路的沥青混合料宜将S14与S16组合使用，S15可在沥青稳定碎石基层或其他等级公路中使用。

表2.17　沥青混合料用天然砂规格

筛孔尺寸/mm	通过各筛孔的质量百分率/%		
	粗砂	中砂	细砂
9.5	100	100	100
4.75	90～100	90～100	90～100
2.36	65～95	75～90	85～100
1.18	35～65	50～90	75～100
0.6	15～30	30～60	60～84
0.3	5～20	8～30	15～45
0.15	0～10	0～10	0～10
0.075	0～5	0～5	0～5

表2.18　沥青混合料用机制砂或石屑规格

规格	公称粒径/mm	水洗法通过各筛孔的质量百分率/%							
		9.5	4.75	2.36	1.18	0.6	0.3	0.15	0.075
S15	0～5	100	90～100	60～90	40～75	20～55	7～40	2～20	0～10
S16	0～3	—	100	80～100	50～80	25～60	8～45	0～25	0～15

注：当生产石屑采用喷水抑制扬尘工艺时，应特别注意含粉量不得超过表中要求。

机制砂宜采用专用的制砂机制造，并选用优质石料生产，其级配应符合S16的要求。

2.2.3　沥青路面对填料技术性能的要求和检测手段

1. *矿粉*

沥青混合料的矿粉必须采用石灰岩或岩浆岩中的强基性岩石等憎水性石料经磨细得到的矿粉，原石料中的泥土杂质应除净。矿粉应干燥、洁净，能自由地从矿粉仓流出，其质量应符合表 2.19 的要求。

表 2.19　沥青混合料用矿粉质量要求

项目	单位	高速公路、一级公路	其他等级公路	试验方法
表观密度，不小于	t/m^3	2.50	2.45	T 0352
含水量，不小于	%	1	1	T 0103 烘干法
粒度范围：<0.6mm <0.15mm <0.075mm	% % %	100 90～100 75～100	100 90～100 70～100	T 0351
外观	—	无团粒结块	—	
亲水系数	—	<1		T 0353
塑性指数	%	<4		T 0354
加热安定性	—	实测记录		T 0355

注：当生产石屑采用喷水抑制扬尘工艺时，应特别注意含粉量不得超过表中要求。

拌和机的粉尘可作为矿粉的一部分回收使用。但每盘用量不得超过填料总量的 25%，掺有粉尘填料的塑性指数不得大于 4%。

粉煤灰作为填料使用时，用量不得超过填料总量的 50%，粉煤灰的烧失量应小于 12%，与矿粉混合后的塑性指数应小于 4%，其余质量要求与矿粉相同。高速公路、一级公路的沥青面层不宜采用粉煤灰做填料。

2. 纤维稳定剂

在沥青混合料中掺加的纤维稳定剂宜选用木质素纤维、矿物纤维等。木质素纤维的质量应符合表 2.20 的技术要求。

表 2.20　木质素纤维质量技术要求

项目	单位	指标	试验方法
纤维长度，不大于	mm	6	水溶液用显微镜观测
灰分含量	%	18±5	高温 590～600℃燃烧后测定残留物
pH	—	7.5±1.0	水溶液用 pH 计测定
吸油率，不小于	—	纤维质量的 5 倍	用煤油浸泡后放在筛上经振敲后称量
含水率（以质量计），不大于	%	5	105℃烘箱烘 2h 后冷却称量

纤维应在 250℃的干拌温度不变质、不发脆，使用纤维必须符合环保要求，不危害身体健康。纤维必须在混合料拌和过程中能充分分散均匀。

矿物纤维宜采用玄武岩等矿石制造，易影响环境及造成人体伤害的石棉纤维不宜直接使用。

纤维应存放在室内或有棚盖的地方，松散纤维在运输及使用过程中应避免受潮，不结团。

纤维稳定剂的掺加比例以沥青混合料总量的质量百分率计算，通常情况下用于SMA路面的木质素纤维不宜低于0.3%，矿物纤维不宜低于0.4%，必要时可适当增加纤维用量。纤维掺加量的允许误差宜不超过±5%。

小　　结

本项目主要介绍了沥青混合料组成矿料的分类、性能和检测指标、手段等。通过本项目的学习，要求掌握沥青混合料用矿料的技术性能和检测手段，了解沥青混合料常用矿料的分类。

复习思考题

1. 沥青混合料常用的矿料有哪些？常用粗集料有哪些？各适用什么条件？
2. 沥青混合料用粗集料有什么要求？质量技术指标要求有哪些？
3. 常见沥青混合料用细集料有哪些？有什么要求？常用质量技术指标有哪些？
4. 沥青混合料用矿粉有哪些要求？用哪些指标检测？
5. 沥青混合料用纤维稳定剂有哪些要求？检测指标是什么？

习题

根据下列材料，掌握集料的质量控制要点。

(1) 背景材料

原材料的质量直接影响着沥青混合料的性能，如何在有限的条件下，提高高速公路沥青路面原材料质量十分关键。某高速公路石料采用沿线的花岗岩类石料，不可避免地会存在一些不足，如与沥青的黏附性差、强度不高、磨光值偏低、组分不稳定(密度变化)等。显然，加强对石场和料场原材料技术指标的质量跟踪控制十分必要。施工中在加强对施工单位原材料自检以及监理单位抽检的基础上，同时开展了技术服务，进行单位平行检验与质量稳定性评价试验，如及时进行石场或料场各规格料的表观密度、筛分、针片状颗粒、软石含量等指标的检验。粗集料每500m^{3}进行常规检验，细集料每200m^{3}抽检，将各指标进行统计分析，通过对均值及标准差的比较，跟踪石料的质量变化状况，进行合理调整，如筛分颗粒组成配比变化反映了振动筛网的磨损程度，密度的变异显示了开采岩层的变化，棱角度的变大说明反击槌需要更换等。通过上述技术把关，发现施工中个别石场石料不同程度存在针片状超标、风化石含量过大、含有密度异常碎石等问题，并及时进行了处理，避免了质量事故的发生，大大提高了原材料的质量控制力度。

(2) 问题

① 试从集料技术性能指标分析沥青混合料路面的“离析”现象产生的原因。

② 试分析沥青路面抗滑性能不符合要求产生的原因。

③ 试从集料的技术性能分析集料与沥青黏附性差的原因。

实训

用现场钻心取样（或室内拌和沥青混合料成型）试件，在室内用沥青燃烧法分析混合料的组成（沥青含量、混合料级配），加深对沥青用量和矿料级配的理解；对于室内拌和成型的试件，分析原始级配与燃烧法得到的结果产生差异的原因。

单元 3

沥青路面施工机械设备

教学目标

1. 掌握沥青路面常见施工机械的分类
2. 掌握各主要机械的施工作业方式和生产率计算
3. 掌握主要施工机械各工作流程的质量控制方法

项目3.1 沥青混合料拌和机械设备

教学目标

1. 了解沥青混合料拌和站的合理布局方法和组成
2. 掌握沥青混合料拌和设备的分类及特点
3. 掌握沥青混合料拌和工艺流程和生产率计算以及拌和质量控制

3.1.1 沥青混合料拌和设备

1. 沥青混合料拌和设备概述

沥青混合料搅拌设备是可将碎石、砂、矿粉和沥青通过选配、加热和搅拌生产成沥青混合料的机械。

沥青混合料拌和设备按工艺流程分为间歇式强制搅拌式和连续滚筒式；根据其生产能力即按每小时拌和成品料的数量确定又分为小型（40t/h以下）、中型（40～350t/h）和大型（400t/h以上）三种。间歇式搅拌设备的生产能力最高达700t/h，连续滚筒式搅拌设备的生产能力最高达1200t/h。

按其安装情况，沥青混合料搅拌设备又可分为固定式和移动式。前者全部机组固定安装在场地上，多用于规模较大工程量集中的场合。后者为大中型的，将全部机组分装在几辆特制平板挂车上，拖运到施工地点后拼装架设，多用于公路施工工程；小型的则将机组安装在一辆特制平板挂车上，可随时转移，多用于道路维修工程。

间歇式强制搅拌设备的特点是冷矿料的烘干、加热与热沥青的拌和，先后在不同的设备中进行，国内外应用广泛；连续滚筒式搅拌设备的特点是冷矿料的烘干、加热与热沥青的拌和在同一滚筒内连续进行。按我国目前规范要求，高等级公路建设应使用间歇强制式搅拌设备，连续滚筒式搅拌设备用于普通公路建设。

2. 间歇强制式沥青混合料搅拌设备

间歇强制式沥青混合料搅拌设备是一套综合性的系统。它包括冷骨料供应系统，骨料烘干装置，热料提升、筛分、储存、计量装置，沥青保温储存，输送计量系统，矿粉储存输送系统，搅拌装置，成品料储存装置，除尘系统，控制系统等。间歇强制式沥青混合料拌和设备的总体结构如图3.1所示。

间歇强制式沥青混合料搅拌机采用分批计量，强制搅拌的生产工艺，所生产的沥青混合料油石比和骨料级配精度高，搅拌均匀，残余含水量低。不足的是设备庞大，动力消耗较高。对于高速公路来说，为了保证路面施工质量以适应大负荷、大流量的运输工况，规定选择间歇式沥青混凝土搅拌机。

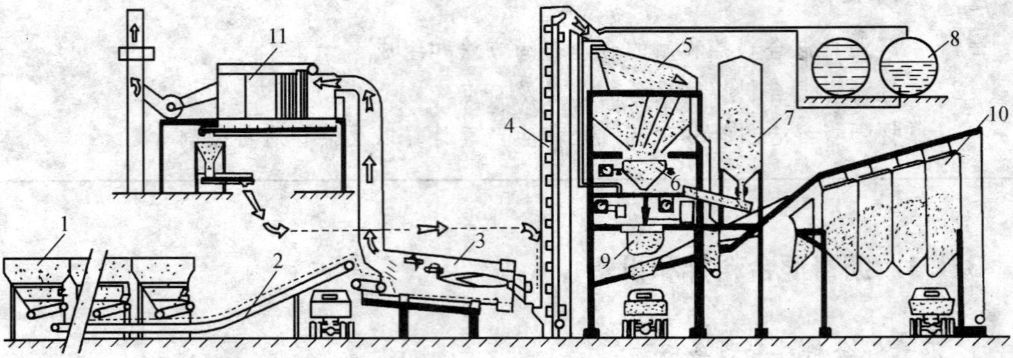

图 3.1　间歇强制式沥青混合料拌和设备的总体结构

1-冷骨料储存及配料装置；2-冷骨料带式输送机；3-冷骨料烘干、加热筒；4-热骨料提升机；5-热骨料筛分及贮存装置；6-热骨料计量装置；7-石粉供给及计量装置；8-沥青供给系统；9-搅拌器；10-成品料贮存仓；11-除尘装置

3. 连续滚筒式沥青混合料设备

连续滚筒式沥青混合料设备由冷骨料储存及配料装置、冷骨料带式输送机、干燥滚筒、料帘、除尘装置、混合料成品储仓、沥青供给系统、自动控制中心、矿粉供给系统等组成。连续滚筒式沥青混合料拌和设备的总体结构如图 3.2 所示。

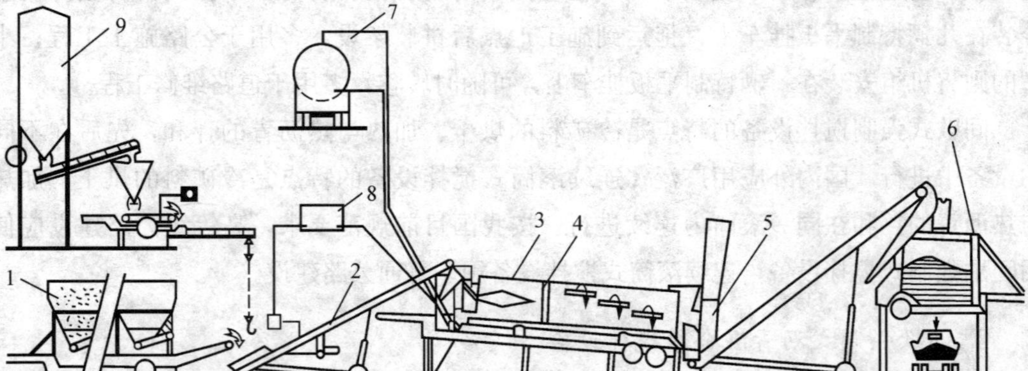

图 3.2　连续滚筒式沥青混合料拌和设备的总体结构

1-冷骨料储存及配料装置；2-冷骨料带式输送机；3-干燥滚筒；4-料帘；5-除尘装置；6-混合料成品储仓；7-沥青供给系统；8-自动控制中心；9-矿粉供给系统

连续滚筒式沥青混合料设备采用连续作业、自由搅拌的生产工艺。其热砂石料和热沥青液是连续计量供应，不断搅拌并卸出。搅拌器较长，装有多对按螺旋形方向安装的搅拌叶片，一端连续进料，另一端连续出料。设备紧凑，同等生产率条件下动力消耗较小。一般均装有自动控制装置，可以实现自动化生产，生产率较高，但对沥青混合料的油石比和骨料级配控制精度比较低，而且由于沥青接触火焰，易老化，使用性能降低。

3.1.2　沥青混合料拌和站布局

1. 场地选址

沥青拌和设备形式多样，拌和方式各异，对场地的要求也不相同，因此应从经济、便利、环保等多方面统筹考虑。沥青混合料拌和站在选址时应考虑如下几个方面因素的影响。

① 场地应选择地势稍高、地质坚硬、周围环境干爽的地点　因为原材料的含水量对沥青拌和设备的生产能力及拌和质量有很大影响。含水率高，烘干时间变长，燃油消耗增大，生产能力下降，生产成本增大。外场地的地质好，能有效防止地面沉降等现象的发生。

② 场地应选择交通便利的地点　拌和站需要运输大量的原材料和拌和料，要从降低运输成本和利于施工进行考虑，要对原材料生产基地、周边公路分布情况进行详细调查，权衡两者与拌和站的距离，根据供应半径，选择适宜的地点。

③ 场地建设要考虑本地区的公路建设整体规划　根据本地区公路大、中修计划安排，对可能的地点进行横向比较，选择施工密集地区建站。

④ 考虑环保因素　沥青拌和站要远离住宅和人口稠密区，远离用来饮用和灌溉的水源或河流上游，避免造成空气、水流、噪声等环境污染。

⑤ 施工中应考虑沥青混凝土的施工温度　沥青混凝土由拌和站运至施工现场，随运距的增大其温度会逐渐降低，影响路面的施工质量。沥青加热温度应不低于160～170℃，混合料出厂温度不应低于180℃±3℃，超过190℃时应废弃。沥青混合料的运输时间不应超过60～75min（气温在10℃以下，车速30～40km/h以上）。

⑥ 根据地势拟定建站方案　地势包括等高平面（平原地区）和不等高平面（丘陵或山地）两种。等高平面内拌和站的布局较为简单，一般分为生产区和生活区两部分，生产区料场与拌和机紧靠布置，油罐和锅炉房不应相距太远，配电室、车间等附属设施可布置在周围。不等高平面内建设一般为丘陵地区或山地，设计为三个平面，最上层和两侧为运输专用道路，可行驶运料车、运油车；中层为料场、油罐区，最上层的原材料和沥青可利用自重方便地卸到中层；最下层放置拌和机，中层的料、油经过输

送带或铲车和管道方便地转送到拌和机中，通过利用地势合理布局，可为以后顺利生产打下良好的基础。

2. 拌和设备的选型

沥青混凝土拌和设备是生产拌制各种沥青混凝土的机械装置，它的选择主要考虑生产能力、生产工艺的先进性、经济性、环保等因素。

(1) 型号选择

为了能获得良好稳定的技术性能，满足工程施工要求，一般根据施工规模及技术要求来选型。在低等级沥青混凝土路面摊铺工作或小工程量路面修补工作中多选用移动式沥青混凝土拌和机；城市道路建设中多使用综合作业的固定式沥青混凝土拌和机；高等级公路建设中多使用综合作业的半固定式沥青混凝土拌和机。

(2) 拌和设备生产能力的选择

搅拌设备的生产能力是指在单位时间内，在规定的条件下，设备连续稳定生产符合质量要求的沥青混合料的量。根据施工的工程量和工期来确定拌和机的生产能力，选择合适的拌和机。拌和站生产能力计算公式如下，即

$$Q_B = \frac{SHD}{TKt} \tag{3.1}$$

式中：Q_B——拌和站生产能力，t/h；

S——铺筑面积，m^2；

H——铺筑厚度，m；

D——混合料压实密度，t/m^3，可取 $D=2.35t/m^3$；

T——计划铺筑天数；

K——开工日系数；

t——每日实际运转时间，一般取 $t=10h$。

若不考虑节假日只考虑降雨和机械检修，则

$$K = \frac{\text{工期中可能工作天数}}{\text{计划日历天数}}$$

计算出的 Q_B 为拌和机所需达到的生产能力，所选拌和设备必须达到或超过这一产量，以满足正常施工用料要求。

(3) 拌和设备集成化

沥青混合料拌和设备由若干个子系统组成，构成环节较多，因此整个设备庞大。为了使设备简单化，节约能源，采取将拌和设备的两个或三个部分做成一体，使一个整体完成多项功能，即拌和设备集成化。

3.1.3　沥青混合料拌和站的组成

1. 沥青混合料拌和站的组成

(1) 配料系统

该系统主要由冷料斗、皮带给料器、集料皮带机、倾斜皮带机组成。

(2) 干燥系统

该系统主要由干燥滚筒、进出料箱和驱动系统组成。

(3) 燃烧系统

该系统主要由燃烧器和燃油供给系统组成，是整个搅拌设备的关键部件。

(4) 提升系统

该系统主要由驱动系统、提升斗组成。

(5) 骨料振动筛分储存系统

该系统主要由驱动系统、振动筛体和热骨料料仓组成。

(6) 称量搅拌系统

该系统主要由骨料称量斗、沥青称量斗、矿粉称量斗和搅拌器组。

(7) 沥青供给加热系统

该系统主要是由沥青储存罐、沥青管道、导热油加热器和导热油管组成。

(8) 除尘系统

该系统主要由除尘器、引风机以及除尘管道组成，如图 3.3 所示。

2. 沥青混合料的拌和控制质量控制

沥青混合料生产过程中要能够逐盘准确打印沥青与各种矿料的用量和拌和温度等指标，能准确打印沥青混合料的重量。

沥青的加热温度控制，沥青泵应以满足泵送和均匀喷出原则且能满足下面层沥青加热温度，矿料加热 160～170℃，矿料加热温度 170～180℃的要求。

拌和时间应使沥青混合料拌和均匀一致，颜色黑亮、无花白料、无结团成块或粗细集料分离现象。拌和时间控制为干拌 5s，湿拌 40s。

拌和生产过程中，操作手要随时注意监控各项仪表数据、观察各类机械的工作状态和出厂混合料的颜色形态，发现异常情况及时与试验室沟通并作调整。

生产过程中，要按照规定要求的频率与方法检验材料的质量及混合料的温度、配合比与油石比，并分别作好记录。

图 3.3　沥青混合料拌和站

3.1.4　间歇强制式沥青混合料搅拌设备工艺流程及拌和质量控制

1. 间歇强制式沥青拌和站工艺流程

间歇式沥青拌和站工艺流程如图 3.4 所示。

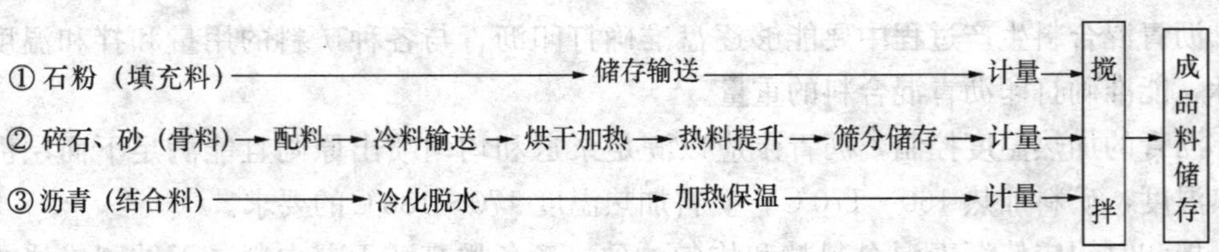

图 3.4　间歇式沥青拌和站工艺流程

当中央控制室发出开机命令后，冷料仓冷料经皮带输送机输送到干燥滚筒内，烘干后的骨料，由热料提升机输送到振动筛上进行筛分。筛分后的骨料落入各热料仓室。各骨料和粉料由各自室门落入各自的称量斗内由电子秤计量，随后放入拌缸内，经称量好后的热沥青随后喷入拌缸内。各种混合料经充分搅拌后，形成成品料，卸到送料斗车里。送料斗车经轨道卸入储料罐。最后通过卸料闸门，将成品料放到运输汽车上。骨料的输送、烘干、筛分，粉料和沥青的输送是连续进行的，而骨料、粉料、沥青称量、混合料的拌和及送料斗车运输成品料是按周期进行的。

2. 间歇式强制沥青混合料搅拌设备拌和质量控制

(1) 原材料控制

沥青拌和站生产所用各种原料主要包括集料、填料、沥青三大类，在施工过程中要严格按照规范的要求对各种原材料进行检验。

沥青质量的优劣直接影响沥青混合料，从路面的损坏原因分析来看，路面沥青品质不良是主要原因之一，施工现场应严格按照规范的要求进行沥青的质量检验，把好沥青质量关。拌和站必须将不同来源、不同标号的沥青分开存放，不得混杂；沥青使用期间，储罐中的贮存温度不宜低于130℃，并不得高于170℃；沥青应避免长时间存放，存放时间超过15d的沥青在使用前应抽样检验，不符合要求者不得使用。

施工中应注意加强石料的规范性，如果石料的规格不规范将导致出现缺料、吐料等情况，降低生产效率，造成经济浪费。因此要保证石料的稳定性，控制料源，最好是同一个料场，至少应保证同一档石料出自同一料厂。同时应加强对进场石料的针片状含量的重视，针片状含量过大将导致沥青混合料难以压实，即使在以后的工序中例如摊铺、碾压中加以控制，仍然难以达到很好的效果。还应加强对石料吸附性和石料表面清洁程度的要求，对于吸附性弱和石料表面出现少量水锈面的石料应该在后面的工序中加以控制，例如采用浇灌石灰水或在拌和过程中加入石灰。矿粉应干燥、洁净，矿粉堆放应做好防潮、防水措施，结团结块的矿粉不得使用。细集料应设置防雨顶棚。二次除尘设备排放的粉尘应采用湿法排尘并尽快清理出场，以免对于集料造成二次污染。

(2) 场地控制

北方施工期短，早期一般进行土方施工和基层施工，雨期一般进行沥青混合料铺筑，因此沥青拌和站的建立位置要综合考虑地势和排水、交通是否便利、对周边环境的影响等因素，如果考虑不周，盲目选点建立就会对以后的生产和施工造成隐患。需要加强场地的压实和整平，设置坡度和排水通道，可以将大颗粒的试机石料铺上一层，不仅可以加强排水，而且可以消除晴天石场的尘土，降低石料的含泥量。储料场碎石严禁混堆，同一产地同种规格，不同批号的碎石也不允许混堆。建议用沙袋搭建50cm的砌墙进行分隔最为合理，可以有效地减少占地和防止混料；某些小粒径石料经过一场雨水，就会出现明显的水锈面，经过两场雨水就会出现大面积的水锈面，出现水锈面的石料与沥青的黏结力会明显减弱，因此在储料场要加强防雨和排水工作，有条件的施工单位可以考虑搭建储料仓。如果石料受潮，会加长滚筒加热时间，增大燃料消耗延长出料时间；如果矿粉与填料受潮，会堵塞进料仓，导致生产停顿，进而将延长出料时间，降低拌和站的工作效率；可能导致矿粉与填料的用量不准，将改变混合料的级配，降低混合料的性能，导致严重的工程事故。

(3) 设备控制

沥青混凝土拌和站的设备控制和管理主要集中在设备检查及运行、混合料拌和温度控制、设备常见故障分析几个方面。

① 设备检查及运行　开机前，特别是在雨后要检查电机等电器设备的绝缘情况，防止漏电及短路事故。查看主机和除尘系统是否进水，若进水应疏通湿料，以免管道阻塞引发故障。生产过程中经一级除尘后产生的粗粒粉尘进入热料仓，并且当停止供应骨料后，将有一部分残余粉尘进入热仓，因此在停机后或再次开机前，应将其清除出热料仓，否则将直接影响拌和料的质量。在生产开机时应严格顺次启动，严禁同步启动，以避免启动电流过大。在开机和持续生产阶段，均应注意控制冷骨料供给量和配比。供给量过少会影响生产效率，供给量过多则可能影响烘干效果，增加生产成本。出料后应根据拌和料的检验情况对有关生产参数进行调整，一般在开始生产约 10～20min 后拌和料的温度、级配、油石比即趋向稳定，此时可对生产的沥青混合料进行取样和检查，为了保证混合料的生产质量，在实际生产中，有必要经常对生产的沥青混合料的质量进行检查。在连续生产的情况下拌和料的质量均比较稳定，所以应避免频繁开关机。集尘装置具有二次除尘设备，能够收集全部或部分粉尘，而不让有害粉尘逸散到空气中。

② 混合料的拌制　混合料的拌制对混合料的质量非常关键，因此每天拌料前应对拌和设备及配套设备进行检查，使各动态仪表处于正常的工作状态。定期对计量装置进行校核，保证混合料中沥青用量及集料的允许偏差符合技术规范要求。采用导热油加热，将沥青、矿粉的加热温度调节到能使沥青混合料的出厂温度达到 125～160℃。集料温度一般比沥青高 10～20℃。沥青、石料的加热温度要保证混合料运到现场温度符合规范的要求。

沥青混合料的拌和时间，应以混合料拌和均匀，所有矿料颗粒全部裹住沥青为度，并经试拌确定。间歇式拌和机每锅拌和时间宜为 30～50s（其中干拌时间不得少于 5s，不宜超过 10s）。具体的拌和时间由试验段技术总结中提出，应保证拌的混合料均匀一致，无花白料，无结块成团或严重离析现象，发现异常应及时调整。所有过度加热的混合料，或已经碳化、起泡和含水的混合料都应废弃。材料的规格或配合比发生改变时，都应根据试验资料进行试拌。间歇式拌和机热矿料二次筛分用的振动筛筛孔应根据矿料级配要求选用，其安装角度应根据材料的可筛分性、振动能力等由试验确定。除非有特殊理由，拌和机均应安装有相对应于 2.36mm 和 4.75mm 的振动筛。

③ 温度控制　规范中规定对于间歇式沥青混凝土拌和机沥青加热温度控制在150～170℃，矿料温度比沥青温度高 10～20℃，混合料出厂温度为 140～165℃。沥青混合料成品料出厂温度直接影响着摊铺质量和碾压质量，所以必须控制好成品料出厂温度。在生产中除要随时监控石料温度和沥青温度外，还要随时检测成品料温度，并及时反馈给操作室，以便及时控制温度。

④ 设备常见故障　沥青拌和站是筑路机械中不可或缺的大型机电一体化的成套设备，是对大量的集料、填料、沥青进行拌和的设备，因此其安装、调试、运转都必须严格遵循一定的程序进行，否则就会出现故障，降低施工效率。常见的故障有冷料进给装置故障、搅拌机故障和筛网故障。冷料进给装置故障一般是可变速皮带机停机，可能是因为冷料斗内存料太少，装载机上料时对皮带机直接冲击严重，造成超负荷而停机，应保证每个冷料斗内有足够的粒料；可变速皮带机功能异常，可能是控制柜内对应的控制变频器故障，加以检修或更换；各皮带打滑、跑偏或难以启动，应重新调整皮带张紧程度；各皮带机异常停机，可能是无意碰了急停拉线，其复位即可。搅拌机故障主要有搅拌机声音异常，可能是因为搅拌机瞬间超负荷致使驱动电机固定支座错位，需重新复位、固定；搅拌臂、搅拌叶片以及搅拌机内部护板磨损严重或脱落，需要更换；搅拌机出料温度显示异常，清洁温度传感器并检查其清洁装置是否正常工作。筛网故障主要有筛网出现孔洞，将导致上一挡的集料进入下一挡的料仓中，对混合料取样进行抽提筛分，混合料油石比过大，摊铺碾压后路面会起"油饼"，因此每过一段时间或者在抽提筛分的数据上发现异常变化时，应考虑检查筛网。

3.1.5　连续滚筒式沥青拌和站工艺流程及拌和质量控制

1. 连续滚筒式沥青拌和站工艺流程

筒式搅拌设备是20世纪70年代出现的一种新型的拌和工艺，即冷矿料的烘干、加热及与热沥青的拌和是在同一滚筒内进行的，其拌和方式为非强制式的，它依靠矿料在旋转滚筒内的自行跌落而实现拌和。连续滚筒式使用的集料必须稳定不变，一个工程从多处进料、料源或质量不稳定时，不得采用连续滚筒式沥青拌和站。

连续滚筒式沥青拌和站工艺流程如图3.5所示。

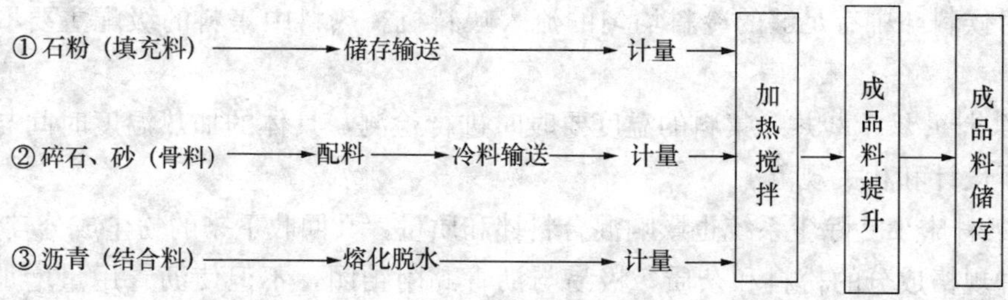

图3.5　连续滚筒式沥青拌和站工艺流程

2. 连续滚筒式沥青拌和站的质量控制

(1) 原材料的控制

沥青混合料是由沥青、粗细集料、矿粉、外加剂组成的，各组成材料的质量对沥青混合料生产质量有很大影响。集料的粒径超出规格要求时，在一定烘干料中废料增加，称重等待时间延长，溢料较多，成品出料时间大大延长。集料淋雨后含水量过高，会造成堵料斗、烘干不均匀，温度不易控制，易出现花白料等质量问题。另外矿粉变潮易结团成块，受潮的矿粉直接影响混合料的油石比。集料来源不一，有混杂现象，导致级配不稳也影响沥青混合料的生产质量。

因此原材料的质量控制要避免以上现象的发生。对涉及采购、贮存、运输、装卸、检验各个环节应强化管理，提高质检人员的工程质量意识。材料在采购上要随机抽检，从料源上加强预防控制，选用各项指标满足技术标准要求的材料。

集料的堆放场地应硬化且排水良好，场地采取硬化措施，可提高集料的洁净度，减少集料的含尘量。材料严格按品种、规格分类堆放，并采取防雨措施，搭棚或覆盖集料以有效控制其含水率。

集料进场堆放时要注意控制离析。细集料和单一粒径的粗集料，可用各种方法装运和堆放。而掺配集料应分层堆放不应堆成锥体，这样可以减少集料的离析。自卸车放料时应在集料堆表面一车紧挨一车地卸下，这种方法可以把材料层层堆积起来。对于已发生明显粗料离析的部位，上料时应重新混合后再行装料，储存装运时沥青储罐应有计量标志，储罐必须能加热，使沥青完全可以在输送管或回流管内流动，但是不可以用明火加热罐体。

（2）拌和设备的选型与控制

沥青混合料生产质量与拌和设备的质量是紧密相关的，宜选择产量较高、性能优越的间歇式沥青拌和设备，以便于机械稳定的作业。在工程施工前需对拌和设备进行彻底检查并调试，对各种计量电子秤进行标定。为控制沥青混合料的生产质量，在设备操作时要注意以下几点：

① 集料的冷喂　主要做好冷喂料的均匀性，冷集料的配料及冷喂料的检查，要保证任何时候料斗中有足够的冷料均匀的流入喂料机。热料中集料的级配主要取决于冷集料。

② 集料的烘干加热　集料的温度要时时进行检测，具体的加热温度时间与加热温度取决于设计和相关规范。

③ 集料除尘　除尘系统也影响混合料拌和质量，其回收下来的粉尘成分较为复杂，含有多种规格成分的粉料和杂质，极易与沥青黏附结团，不但使沥青用量增加，而且生产出来的混合料色泽暗淡，降低了混合料的黏结力，因此尽量不用或少用回收粉。

④ 热集料的筛分　振动筛对沥青混合料能否达到设计级配曲线的要求影响较大。要控制好振动筛筛分过程，选择适合的振动筛网和调整好振动筛振幅很有必要。首先筛网面积要足够大，保证能筛分输送来的全部集料。其次筛网必须清洁完好，筛网无堵塞。为防止筛分时出现“混仓”现象，筛网不得出现破孔。热筛分后不同规格的集料暂时存放不同的料斗中，热料仓不得出现“空仓”现象。

⑤ 集料的投放顺序 确定每盘沥青混合料的用量后，将热集料按从粗到细的顺序依次投入搅拌机，每批投入搅拌机的数量应按拌和机厂商提供的数据执行，因为搅拌机内装料过多或过少都会影响混合料拌和的均匀性。除上述几点外还应注意，选择适宜的油气比充分燃烧，否则燃烧不完全，不但增加成本，而且过多的燃油附着在集料表面会造成与沥青的黏附性降低。由于计量装置在使用和停止过程中也会因温度变化、碰撞、气候等原因造成失准或变异，应经常检校计量装置的称量误差。

(3) 严格控制沥青油量和矿料级配

合适的沥青用量和良好的矿料级配是保证沥青混合料质量的关键，这就要求试验室加强对组成沥青混合料的检验力度，使得沥青用量符合设计要求。生产环节沥青含量准确性的控制主要取决于搅拌设备的计量准确度、配比准确度及拌和均匀性三个方面。对间歇式拌和机，矿料级配控制时为了使各筛孔的通过量与设计级配曲线更逼近，偏差都在规范允许的误差范围内，且符合规范要求的级配范围，所以必须从二次筛分后进入各热料仓的材料中取样筛分，以确定各热料仓的材料比例，供拌和机控制室使用。

(4) 拌和时间与温度的控制

拌和时间与拌和温度是沥青混合料达到均匀的两个基本要素。在施工过程中，拌和时间由试拌确定，依据机型的不同和材料的情况而定。沥青混合料拌和时间应以拌和均匀，所有矿料颗粒全部裹覆沥青结合料为度，有明亮度、有色泽，呈现蠕动变化，一般选择5s作为石料的干拌时间，总搅拌时间控制在45～60s之间。

沥青混合料生产的每个环节必须强调温度控制。沥青、集料的加热温度应根据沥青品种、等级、黏度、气候条件、运距和铺筑层厚度等确定。生产时须严格掌握沥青和集料的加热温度以及沥青混合料的出厂温度。沥青的加热温度宜为130～160℃，不宜多次加热以免老化。砂石加热温度为140～170℃。早晨或气温较低有风时；拌料时可取温度控制上限，中午炎热时可取温度控制下限。

(5) 生产质量的监控

拌和场应配置足够的试验设备以加强沥青混合料生产质量监控。试验室对每天生产的成品料按规定要求抽提和做马歇尔试验，检验沥青混合料性能、矿料级配组成和沥青用量。拌和楼控制室应利用计算机的控制数据经常保持对混合料质量的监控。对混合料经常进行目测检查，通过目测发现混合料质量有无问题，以便及时找出原因纠正解决。

① 混合料冒蓝烟 表明拌和温度过高。

② 混合料在料车中易坍平 可能是因为沥青过量或矿料残余含水率大。

③ 混合料易堆积 可能是混合料温度偏低或沥青含量少。

④ 拌和出现花白料 可能是集料温度低、拌和时间短、吸尘不理想或骨料仓卸料门关闭不严。

⑤ 沥青混合料枯料　可能是细集料的含水量过大，造成细集料加热温度到规定值时，粗集料温度已大大超过规定值。

⑥ 沥青混合料无色泽　可能是沥青加热温度偏高，加热时间长，造成沥青严重老化。

3.1.6　沥青拌和站拌和机械的生产率计算

1. 间歇式沥青拌和站生产率计算

对于间歇式设备，其拌和设备的生产率为

$$Q_j = \frac{nG_jK_b}{1000} \tag{3.2}$$

式中：Q_j——拌和设备的生产率，t/h；

G_j——每拌制一份混合料的质量，kg；

K_b——时间利用系数，取 0.8～0.9；

n——每小时拌制的份数，其计算式为

$$n = \frac{60}{t_1 + t_2 + t_3} \tag{3.3}$$

式中：t_1——加热时间，min；

t_2——混合料拌和时间，min，取 0.5～1.25min；

t_3——成品料卸料时间，min。

2. 连续滚筒式沥青拌和站生产率计算

连续滚筒式沥青拌和站生产率计算式为

$$Q_L = \frac{60G_1K_b}{1000t} \tag{3.4}$$

式中：Q_L——拌和设备的生产率，t/h；

G_1——每拌制一份混合料的质量，kg；

t——拌和时间，min。

拌和时间与拌制的混合料种类、搅拌器桨叶端部圆周速度以及所采用的搅拌器形式有关。当桨叶端部圆周速度 v=2.3～2.5m/s 时，搅拌时间间歇式为 0.5～1.25min，连续式为 1.5～3.0min，低值对应粗料混合料，高值对应砂粒混合料。

小　结

通过本项目的学习，应能掌握拌和站的合理布局方法、组成和工艺流程拌和设备的分类、特点和生产率计算，以及拌和质量控制。

复习思考题

1. 沥青混合料拌和站的布局应考虑哪些方面？
2. 间歇式、连续式拌和机的质量控制方法有哪些？

习题

用某搅拌机拌和沥青混合料，已知摊铺路面宽度 $B=10$m，摊铺层压实成型后的厚度 $h=5$cm，本项目预计铺设 30d，$K=0.86$，问：该搅拌机的生产能力是多少？

实训

1. 工程概况

某高速合同段全长 31.604km，单幅路面宽度 10m，上面层采用 5cm 厚 SMA-16，压实容重为 $\rho=2.4\text{t/m}^3$，SMA 铺筑计划工期 40d，每天计划工作时间 8h，全线采用四车道高速公路标准建设。该工程某标段生产配合比见表 3.1。

表 3.1 某标段生产配合比

9.5～19mm	4.75～9.5mm	2.36－～4.75mm	0～2.36mm	矿粉	油灰比
47%	27.5%	2%	13%	10.5%	6%

2. 施工工艺

施工方法采用搅拌站集中搅拌、自卸车运输（成品料运输状况良好，运料速度可达 30～50km/h）、两台摊铺机联合摊铺、压路机碾压的机械化施工作业方式。

3. 技术要求

根据技术要求，混合料出场温度正常范围 180℃±3℃，超过 190℃为废料。混合料运到现场温度不低于 165℃，摊铺温度不低于 160℃，低于 140℃为废料。初压温度不低于 150℃，复压最低温度为 140℃，终压温度不低于 130℃。另据实地气候调查，在正常施工情况下，成品料在运输过程中的温降系数可取 0.3℃/min，在摊铺过程中的温降系数可取为 0.5℃/min，在碾压过程中的温降系数可取为 0.5℃/min。

4. 设备情况

合同段沥青搅拌站使用意大利进口型拌和设备 MAP320（4000 型）的额定功率为 Q=320t/h，具体设备见表 3.2。

表 3.2　机械设备列表

机械设备	规格型号	产地	数量	额定功率/（kW/台）
沥青拌和站	MAP320（4000 型）	意大利	1	780
沥青存料罐	100t		5	
摊铺机	TITAN8620、12.5m	德国	2	126
自卸汽车	2492	青岛	20	208
双钢轮振动压路机	DD130	无锡英格索兰	4	93
双钢轮振动压路机	BW203AD-4	宝马	2	93
智能乳化沥青洒布机		法国	1	96
洒水车	St5400GPS	鲁峰	10	
铣刨机	Wirtgenw2000	Wirtgen HONG KONG Ltd.	1	202
装载机	ZL50D	山东工程机械厂	4	154

沥青混合料的实际需求量为：

材料总需求量 75 849.6t；

沥青的需求量 4293.4t；

9.5～19mm 碎石需求量 33 631.4t；

4.75～9.5mm 碎石需求量 19 678.0t；

2.36～4.75mm 碎石需求量 1431.1t；

0～2.36mm 碎石需求量 9302.3t；

矿粉需求量 7513.4t。

试问：MAP320（4000 型）搅拌机的生产率是多少？

项目3.2 沥青洒布车

教学目标

1. 了解沥青洒布车类型
2. 掌握沥青洒布车施工参数的确定方法

3.2.1 沥青洒布车类型

1. 沥青洒布车概述

沥青洒布车是一种黑色路面施工机械，是公路、城市道路、机场和港口码头建设的主要设备，如图3.6所示。在采用沥青贯入法、沥青层铺表面处治法修筑沥青路面或养护沥青或渣油路面时，沥青洒布车可用来运输与洒布液态沥青（包括热态沥青、乳化沥青和渣油）；此外，它还可以向就地松碎的土壤供给沥青结合料，用于修建沥青稳定土路面或路面基层。当修筑高等级公路沥青路面底层的透层、防水层、黏结层时，可洒布高黏度改性沥青、重交通沥青、改性乳化沥青、乳化沥青等，亦可用于公路养护中的沥青罩面、喷洒，亦可用于实施分层铺路工艺的县、乡级公路油路建设。

图3.6　洒布车图示

智能型沥青洒布车由汽车底盘、沥青罐体、沥青泵送及喷洒系统、导热油加热系统、液压系统、燃烧系统、控制系统、气动系统、操作平台构成。

2. 沥青洒布车的分类

沥青洒布机可以按用途、运行方式及沥青泵的驱动方式等方面进行分类。

按用途，沥青洒布机可分为修路用和筑路用两种。在修路工程中所应用的沥青洒布机的沥青料箱容量一般不超过 400L，而在筑路工程中其料箱容量为 3000～20 000L。

按运行方式，沥青洒布机可分为自行式、拖式和半拖式三种。自行式沥青洒布机安装在汽车底盘上，拖式和半拖式采用汽车或专用单轴牵引车牵引。

按沥青泵的驱动方式，分为沥青泵由汽车上的发动机来驱动的和由单独设置的另一台发动机来驱动的两种。而后者在很大的范围内可以调节沥青的洒布量。我国生产的沥青洒布机除了各使用部门自制的简易拖式外，都为不带专用发动机的自行式沥青洒布机。

3.2.2 沥青洒布车施工参数的确定

1. 洒布量的确定

沥青洒布车喷洒沥青时应保持稳定速度和喷洒量，并保持整个洒布宽度喷洒均匀。小规模工程可以采用机动或手摇的手工沥青洒布机洒布沥青。洒布设备的喷嘴应适用于沥青的稠度，确保能成雾状，与洒油管成15°～25°的夹角，洒油管的高度应使同一地点接受 2～3 个喷油嘴喷洒的沥青，不得出花白条。

洒布量规格见表 3.3 和表 3.4。

表 3.3 沥青路面透层材料的规格和用量

用途	液体沥青		乳化沥青		煤沥青	
	规格	用量/（L/m³）	规格	用量/（L/m³）	规格	用量/（L/m³）
无结合料粒料基层	AL（M）-1、2 或 3 AL（S）-1、2 或 3	1.0～2.3	PC-2 PA-2	1.0～2.0	T-1 T-2	1.0～1.5
半刚性基层	AL（M）-1 或 2 AL（S）-1 或 2	0.6～1.5	PC-2 PA-2	0.7～1.5	T-1 T-2	0.7～1.0

注：表中用量是指包括稀释剂和水分等在内的液体沥青、乳化沥青的总量，乳化沥青的残留物含量以 50%为基准。

表 3.4 沥青路面黏层材料的规格和用量

下卧层类型	液体沥青		乳化沥青	
	规格	用量/（L/m³）	规格	用量/（L/m³）
新建沥青层或旧沥青路面	AL（R）-3～AL（R）-6 AL（M）-3～AL（M）-6	0.3～0.5	PC-3 PA-3	0.3～0.6
水泥混凝土	AL（M）-3～AL（M）-6 AL（S）-3～AL（S）-6	0.2～0.4	PC-3 PA-3	0.3～0.5

注：表中用量是指包括稀释剂和水分等在内的液体沥青、乳化沥青的总量，乳化沥青的残留物含量以50%为基准。

沥青洒布量的多少与洒布车的行驶速度、洒布宽度以及沥青泵的生产率有关。其关系为

$$Q_L = qvB \tag{3.5}$$

式中：Q_L——沥青泵的生产率，L/min；

v——洒布车的行驶速度，m/min；

B——洒布宽度，m；

q——每平方米面积洒布量，L/m²。

依照公式（3.5），可得沥青洒布量如表 3.5 所示。

表 3.5 沥青洒布量

洒布量/（L/m²）	泵生产率/（L/m）					
	1090	871	651	560	447	337
	洒布车行驶速度/（m/min）					
1.5	290	232	174	150	126	90
2	218	174	133	112	89	68
2.5	174	139	106	90	70	56
7	62	50	38	32	29	10

注：洒布宽度为 2.5m。

2. 根据洒布车的容量确定洒布长度

为了便于施工，当沥青洒布量确定后，应进一步确定每一罐洒布路段长度，即

$$L = \frac{VK}{qB} \tag{3.6}$$

式中：L——洒布路段长度，m；

V——洒布车油罐容积，L；

K——两洒布车重叠系数，一般为 0.90～0.95；

q——单位面积洒布量，L/m²。

3. 洒布车的生产率的计算

洒布车的生产率按下式计算，即

$$Q_P = VK_H n_P \tag{3.7}$$

式中：Q_P——沥青洒布车的生产率，L/d；

V——沥青洒布车的油罐容量，L；

K_H——油罐充满系数，一般取 0.95～0.98；

n_P——洒布车每天洒布次数，按下式计算，即

$$n_P = 60t_T K_B / \sum t \tag{3.8}$$

式中：t——每天工作时间，h；

K_B——时间利用系数，一般取 0.85～0.90；

t_T——洒布车每一个循环所需要的时间，min，其计算式为

$$t_T = t_1 + \frac{L}{v_1} + \frac{L}{v_2} + t_2 + t_3 + t_4 \tag{3.9}$$

式中：t_1——加满油罐沥青所需时间，min；

L——由沥青基地至工地的距离，km；

v_1——洒布车重车行驶速度，km/min；

v_2——洒布车空车行驶速度，km/min；

t_2——洒布一罐沥青所需时间，min；

t_3——洒布车两处掉头倒车时间，min；

t_4——准备洒布所需时间，min。

4. 保温罐车的用量计算

保温罐车的用量计算式为

$$n = \frac{Q}{t_T V_1 K_H} \tag{3.10}$$

式中：V_1——保温罐车容量，L；

K_H——保温罐车的充满系数；

Q——洒布车只进行洒布不进行距离运输时生产率，L/d；

t_T——保温油罐往返工地与沥青基地之间一次所用的时间，h。

小　结

通过本项目的学习，要求了解洒布车的分类，熟练掌握洒布车施工参数的确定方法。

复习思考题

1. 试述沥青洒布车的种类。
2. 试述沥青洒布车施工参数的确定方法。

项目 3.3 沥青混合料摊铺机

教学目标

1. 了解摊铺机的结构形式和质量控制方法
2. 掌握摊铺机施工作业过程
3. 掌握沥青混合料摊铺机生产率计算

3.3.1 沥青混合料摊铺机及其质量控制机构

1. 沥青混合料摊铺机

沥青混合料摊铺机问世于20世纪30年代，经过近80年的发展，已成为集机、电、液于一身的高科技产品。沥青混合料摊铺机按其行走方式可分为轮胎式摊铺机（图3.7）和履带式摊铺机（图3.8）。

沥青混合料摊铺机按结构形式又可分为液压系统、行驶驱动机构、机电液一体化控制系统、恒速控制系统、自动调平控制系统、连续输料装置、抗离析摊铺技术装置、熨平装置结构和数字化控制系统。

（1）液压系统

早期摊铺机的行走系统、螺旋、刮板系统都采用机械传动方式，一般仅有转向或其他辅助系统采用液压传动。这种方式多用于摊铺宽度小于5m，修筑低等级公路的摊铺机。目前，全液压摊铺机形成了以高传动效率、灵活的传动方式、优越的控制性能和高可靠性的主流，尤其是大中型摊铺机。全液压摊铺机获得了较高的作业性能，也满足了高等级公路施工的要求。

（2）行驶驱动机构

国产大中型摊铺机均采用履带式行走机构，接地比压小，附着性能好。过去的国内外摊铺机，驱动装置种类较多，有液压马达＋链条、液压马达＋减速器组合等。现在都向液压马达＋行星齿轮减速器发展，而且配套件的选用也趋于一致。轮胎式行走机构用在中小型摊铺机上。小型轮胎式摊铺机采用后桥驱动前轮转向的方式，中型轮胎式摊铺机采用前后桥驱动前轮转向的方式。目前国产轮胎式摊铺机的机型不多，性能差别较大。

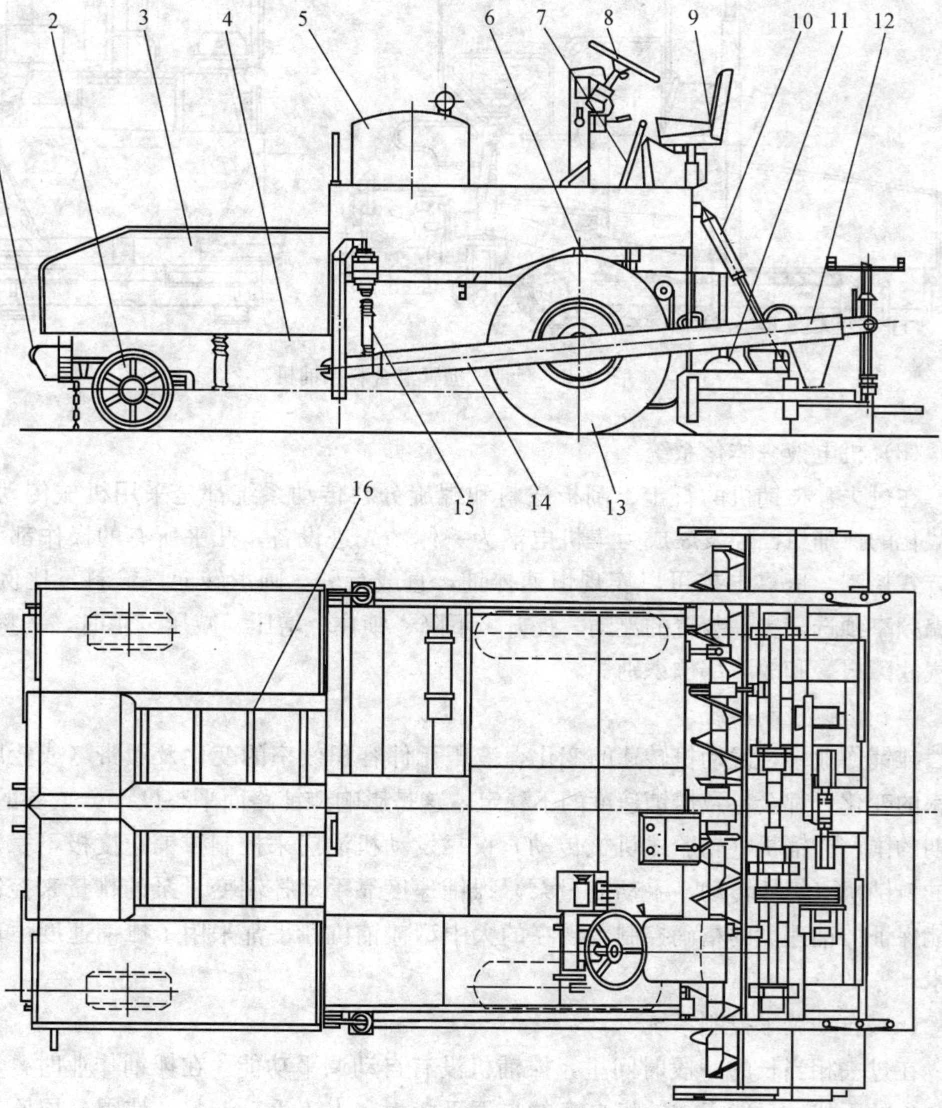

图 3.7　轮胎式沥青混合料摊铺机

1-推滚；2-前轮；3-前料斗；4-机架；5-内燃机；6-传动系；7-操纵机构；8-转向机构；9-驾驶员座椅；10-液压操纵油缸；11-螺旋输送器；12-振捣熨平装置；13-后轮；14-侧臂；15-自动找平装置；16-刮板输送器

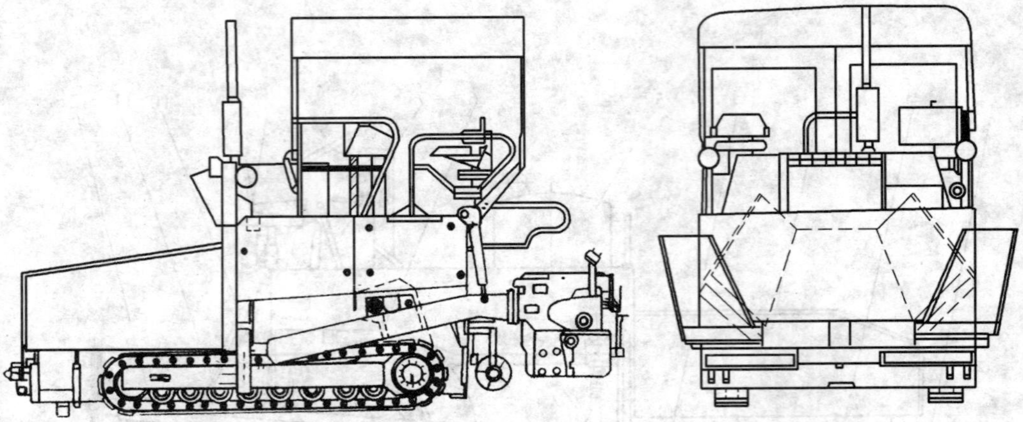

图 3.8 履带式沥青混合料摊铺机

(3) 机电液一体化系统

在过去，摊铺机的行走、刮板送料和螺旋分料传动系统都是采用机械传动系统。现代化的摊铺机已经发展成为集机电液为一体的先进设备，几乎所有的操作都采用电控方式控制。依靠电控可以实现恒速摊铺，直线行驶，圆滑转向，输料量比例控制，振捣频率预选，熨平装置的浮动、提升、下降、锁住、增压、减压、延时，平整摊铺，电气故障报警和故障部位识别等。

(4) 恒速控制系统

摊铺作业中，发动机转速的变化，液压元件容积效率的变化及履带（或轮胎）滑转率的变化，都会导致摊铺速度的不稳定，这是影响摊铺路面平整度十分重要的因素。早期的国产摊铺机（轮胎式机械传动）仅靠发动机油门来控制摊铺速度极不稳定。后来的摊铺机（液压传动、手动变量泵）摊铺速度靠手动控制变量泵的排量来控制，也不能保证摊铺速度的精确控制。现在的大中型摊铺机几乎都采用了摊铺速度恒速控制技术。

(5) 自动调平控制系统

在过去相当长的一段时间里，摊铺机没有自动调平功能。在摊铺作业时，对于路况产生的干扰，只能靠摊铺机自身的自调平能力和人工手动调整，使得基层原有的纵坡坡形在摊铺层上有所递减，起到摊铺的上层比下层平整的效果。20 世纪 60 年代出现了自动调平系统，经过不断改进完善，在我国中小型摊铺机上普遍采用，基本上能满足高等级公路的施工要求。随着微电子科技的发展，自动调平系统开始采用了数字化自动调平系统的，不仅提高了系统的控制精度，而且也提高了系统的综合技术性能，如升级方便、人机界面友好、能显示运行状态、能故障报警、能故障诊断等，目前有的国产摊铺机已经应用。

(6) 连续输料技术

以往摊铺机的刮板输料系统和螺旋输料系统都是采用机械传动，输料量的控制为开关式，输料量与实际生产率（由摊铺速度、宽度、厚度决定的）之间难以稳定的匹配，最终影响到平整度。改用液压传动以后，一度螺旋输料系统采用比例控制，刮板输料系统仍是开关控制，除了与实际生产率之间的匹配仍不理想外，两者之间的匹配还不协调。由于这种输料方式成本低，基本能适应施工要求，所以多数国产摊铺机长期采用。

(7) 抗离析摊铺技术

摊铺机大宽度摊铺离析是很难解决的问题，常出现横向离析、竖向离析、纵向带状离析、窝状离析等情况，其中横向离析最容易产生，危害程度最大。为解决这一难题，20 世纪末到 21 世纪初抗离析摊铺机相继问世，抗离析摊铺技术亦日趋成熟。其所采用的螺旋叶片全埋输料方法等使大小粒料能被均匀输送，使摊铺层宽度方向上粒料均匀，以避免横向离析。

(8) 熨平装置结构

熨平装置的结构及控制技术决定着摊铺机的性能。国产大中型摊铺机熨平装置的结构形式与国外同类摊铺机大致相同。但还有一定差距，如主熨平板没有中缝补偿功能，熨平装置的刚度较小。国产中小型轮胎式摊铺机的熨平装置，多为液压伸缩式，采用了锥齿轮-蜗轮蜗杆机构，可在摊铺作业中不用停机调节。

(9) 数字化控制技术

摊铺作业中，行走、刮板输料、螺旋输料、振捣、振动、自动调平、料斗、熨平板伸缩等动作都是同时进行，但是它们既相互联系又相互制约。摊铺机是一个系统，整机性能不仅取决于各分系统本身的性能，而且也与各分系统之间的工作是否协调有着密切的关系，决定了在保证稳定摊铺速度的前提下，是否能充分发挥摊铺机的最大生产率。现在大多数摊铺机各独立系统预设参数之间的协调优化只能靠操作者人为感觉来完成。因为由模拟电路组成的控制系统的参数之间的关联、加权、模糊处理，几乎是无法实现的。当以微处理器为核心的数字化控制系统介入后，通过摊铺宽度、摊铺厚度、摊铺速度、物料温度、物料高度、压实度等基本参数的输入，数字化控制器依照内置的程序，综合最基本的参数，产生最理想的输出，使摊铺机按照最优化的方式运行。在数字化控制的摊铺机的研究方面，我国落后于国外，数字化控制技术在摊铺机上的应用也仅限于采用了数字化自动调平系统。

2. 沥青混合料摊铺质量控制方法

(1) 影响摊铺质量的主要因素

摊铺质量的好坏在很大程度上决定着沥青混合料路面的质量。影响摊铺质量的因素既有摊铺机本身的问题，也有外部问题，主要有以下几个方面。

① 基层质量　基层应具有要求的宽度、厚度、密实度、纵坡和横坡，特别要注意基层表面的平整度，因为它最终决定摊铺机摊铺面层的平整度。摊铺之前应用直尺或平整度检测车测量，平整度不应超过限值。并且先将基层表面的尘土清扫干净，洒上乳化沥青，保证基层与面层之间的黏结。

② 混凝土质量　沥青混合料施工过程中很容易产生材料离析和温度离析，材料离析是混凝土粗细集料和沥青含量的不均匀的体现，温度离析是指混凝土在运输、摊铺、压实过程中各部位的温度不同而引起沥青混合料的性能不同。离析现象是造成路面潜在损坏的重要根源，混凝土一旦发生离析，使铺出的路面不同区域的级配发生变化，严重影响了路面压实度、平整度和使用寿命，是路面早期破坏的主要原因。研究表明离析严重部位由于级配的变化，局部孔隙率增大，当孔隙率增加不多时，透水性将可能成倍增大。材料离析现象伴随着整个混凝土的拌和运输和摊铺过程。

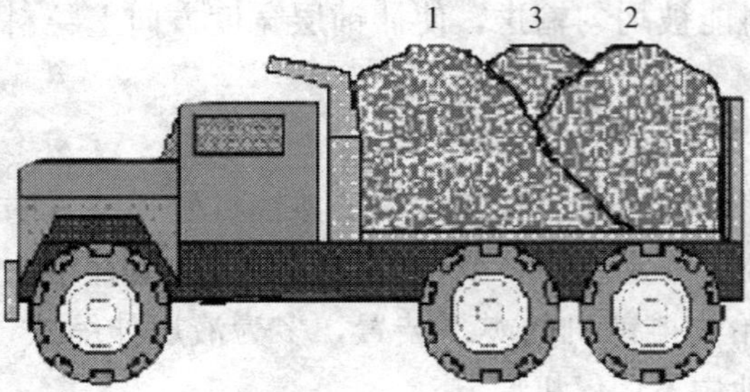

图 3.9　正确装料示意图

1-第一个装料位置；2-第二个装料点；3-第三个装料点

解决的办法是分三次装料，如图 3.9 所示，第一次装料位置在车子的头部并将大部分车厢底装满，第二个装料点在车尾，最后将中间装满。

同时自卸车在运料途中，由于道路起伏不平、行走等原因也会造成材料离析。当自卸车卸料时，应将整车料作为一个整体快速卸入摊铺机料斗中，卸料速度太慢或时间过长，将因粗骨料滚动较快而形成离析。因此必须为混合料的快速卸载创造良好的条件。如在车厢的底部及四周涂润滑油，尽量将车厢抬高到一个安全的角度等。

③ 摊铺速度　摊铺速度的快与慢直接影响着施工的进度与质量。合理地选择摊铺速度应考虑以下几个因素：沥青混合料拌和设备的生产能力，摊铺机的摊铺能力，运输车辆的运输能力，压实设备的压实能力以及摊铺混凝土的种类、摊铺面层、厚度、宽度等。摊铺时一定要保证速度稳定，否则，时快时慢、时开时停会破坏熨平板受力平衡系统，直接影响摊铺路面的平整度和密实度。摊铺速度过快不但会使所铺路面松散，而且易在粗粒径石子后形成空洞和拉痕，停机时料温下降，熨平板自重会使路面产生压痕，形成小台阶，影响平整度，同时松散的路面给压实增加了困难。速度过慢，又影响进度，因此必须在摊铺过程中采用恒速摊铺技术来保证沥青路面的施工质量。

④ 摊铺机的操作和本身参数的调整　摊铺机速度的变化会导致摊铺厚度的变化，为保持恒定的摊铺厚度，当速度变快时，摊铺厚度减小，厚度调节器应稍微向右转动；速度降低时，摊铺厚度增加，厚度调节器应稍微向左转动。振捣梁起捣实混凝土，同时混凝土对熨平板有一定的支撑作用，如果工作不正常，会改变混凝土的支撑力，从而使摊铺厚度发生变化，铺层出现不平整、预压实不够等现象，影响路面的铺筑质量。

熨平板底面磨损或严重变形时，铺层很容易产生裂纹和拉沟，应及时检查和更换。摊铺过程中产生各种缺陷的原因如表 3.6 所示。

表 3.6　摊铺过程中产生各种缺陷的原因

	原因 \ 铺面缺陷	裂纹	拉沟	不平整	混凝土离析
混合料	石料过多（0.07mm）	Y			
	温度不当	Y			
	沥青含量过多或过少		Y		
	矿粉含量不足		Y		
	骨料尺寸与摊铺厚度不协调		Y		
	砂未完全烘干	Y			
摊铺机操作	受料斗两边板积料过多				Y
	受料斗两边板翻动过快				Y
	供料系统不稳定	Y		Y	
	机械猛烈启动和紧急制动			Y	
	摊铺速度不均匀			Y	
	行走装置打滑			Y	
	调平装置中线挂不紧			Y	
摊铺机的调整	熨平板的工作仰角过大			Y	
	振捣梁和熨平板的相互位置不当		Y		
	振捣梁和熨平板的底面磨损		Y		
	刮料护板安装不当	Y	Y		
	各部分的驱动链条未调整好			Y	
	发动机的调速器未调整好			Y	

（2）沥青混合料的摊铺质量控制方法

在摊铺时除应避免出现表 3.6 中的各种缺陷外，还可以利用以下几点提高摊铺质量。

- 通过试验路的施工确定松铺系数，按松铺系数确定摊铺厚度，并准备一块与其等厚的长条木板垫于熨平板下，作为摊铺机起步用。
- 摊铺前熨平板要进行充分地预热，一般预热 30min 以上，并用最近到的 3 车料先行摊铺，以避免熨平板粘料，拉裂摊铺表面，使材料产生堆移松散，影响平整度。
- 根据拌和机的产量、施工机械配套情况及摊铺层厚度、宽度确定摊铺速度，使沥青混合料缓慢、均匀、连续不间断的摊铺，以提高平整度。
- 在摊铺过程中应尽量避免停机，如遇特殊情况必须停机时，停顿时间超过

30min 或混凝土温度低于 100℃时，要按照冷接缝的方法重新接缝。

- 在摊铺过程中，运料车应在摊铺机前 10～30cm 处停住，并挂空挡，依靠摊铺机推动缓慢前进，严禁运料车撞击摊铺机。
- 派专人负责清扫撒落的粒料。

3.3.2 沥青混合料摊铺机施工作业过程

沥青混合料路面摊铺机械化作业主要由摊铺机、自卸汽车和压路机三者联合作业。

摊铺机是靠刮板运输器和螺旋摊铺器两者将混凝土摊铺至一定的宽度，沥青混合料摊铺层首先用振捣板捣实，并刮除多余的沥青混合料，初步捣实的沥青混合料层再由熨平器整平，图 3.10 为现行沥青混合料摊铺的施工机群组合。

图 3.10 沥青混合料摊铺机群

1. 施工前的准备工作

在沥青混合料摊铺之前，必须做好基层、摊铺机性能调试及摊铺基准的选择与放样等准备工作，保证摊铺作业连续不断进行。

(1) 基层的准备

基层的准备工作包括以下内容：

- 在摊铺作业前对基层进行彻底清扫。清扫过程采用人工和空压机相结合，要求清扫干净彻底。
- 对基层路面的平整度、压实度、横坡和高程等指标进行复验，各项指标必须达到要求控制的范围。按规范施工的基层路面依据其组成材料的不同，其养生期（一般 7d）要达到规定的抗压强度和压实度，过程达到规范控制误差之内，保证压实度和平整度。

- 对清扫干净、达到技术要求的基层路面进行洒水。洒水可防止路面过度干燥，利于透层油的黏结。洒水量应由路面干燥程度和天气状况而定。
- 预先准备好的基层路面，应至少能满足一半的沥青路面施工。

(2) 摊铺机的调试，工作装置的安装、调整与参数选择

沥青路面摊铺作业是通过摊铺机的熨平板与热沥青混合料的相互作用进行的，摊铺机自身性能和调试性能的好坏，对铺筑路面质量起决定性影响。在摊铺作业前，必须保证工作装置安装正确，将摊铺机烫平板的宽度、拱度、工作仰角、螺旋分料器长度和位置、振捣器的振幅、频率等工作装置参数调到工作状态。

① 摊铺机烫平板的组装　在高速公路建设施工中，一般选用履带式摊铺机，可以机械加长熨平板，这一机型同其他类型摊铺机相比，具有牵引附着力大、熨平板刚性好等特点。目前，高速公路单向宽度一般在10～12m，熨平板的拼装由路面宽度而定，采用全幅摊铺的熨平板组装时摊铺机烫平板安装底面要平整、连接应紧固、左右尽可能对称。

② 摊铺机螺旋分料器的调整　螺旋分料器的高度应根据摊铺层厚度变化而变化。铺层厚，螺旋分料器的高度要增大，反之减小。螺旋分料器太高，则供料慢，两端供料不足；螺旋分料器太低，则阻力过大，供料不足。根据试验，螺旋分料器下沿调至高出松铺层10～20mm供料较理想；分料器的长度应适宜，太短两端供料不足，太长料位不容易控制。施工中，分料器的端部距离平板边沿以15～20cm为宜，实现分料器连续均匀供料控制。

③ 振捣和振动系统的调整　摊铺机的振捣、振动系统直接影响热沥青混合料铺层密实度和平整度，振幅和振动频率的选择取决于不同的施工材料、摊铺厚度和摊铺速度。振幅过大、振频太高，会造成集料压碎、细料上浮和“泛油”现象；振幅太小、振频太低，则初密实度低，不利于压实作业的施工。

④ 摊铺机初始工作仰角的调整　摊铺机熨平板是通过改变工作仰角来改变熨平板的受力平衡，达到调节铺层厚度的目的。初始工作仰角对铺层厚度及横向接缝的平整度影响较大、初始仰角不合适，会造成横向接缝处凸起或凹陷，严重影响接缝附近的路面厚度和平整度（严重时有跳车感）。对同一台摊铺机，初始工作仰角取决于铺层厚度、混凝土材料、施工温度等。在高速公路建设施工中应严格按照施工规范，在试验路段中探索出合适的熨平板初始工作仰角，保证施工质量。

在摊铺作业前，应对摊铺机的整机性能进行检查，如传动、连接是否可靠，发动机性能指标是否达到标准要求，水、油质量有无变化，是否需要添加等，以保证施工中摊铺机可连续不断运行作业。

(3) 摊铺基准的选择与放样

自动调平摊铺机的控制系统是根据检测到的偏差信号来进行调节的。如果检测到

的偏差信号不正确，系统自身控制精度再高也达不到自动调平的目的。因此，要使熨平板稳定可靠地工作，必须有一个准确的基准。目前，在高速公路建设施工中常用的有两种基准，即固定弦线基准和移动式平均梁基准。

① 固定弦线基准的铺设　固定弦线基准特点是根据铺筑的下承层表面高程和铺筑层的设计标高确定弦线高度，该基准线不受下承层平整度的影响，纵坡能很好地符合设计要求。从理论上讲固定弦线基准是一种绝对基准，但在实际施工中，它受诸多因素的影响，特别是人为因素和环境因素，如水准仪读数误差、立杆安装误差、弦线张紧力误差及水准仪误差、施工过程中立杆不稳和碰、刮线情况引起的误差，有时其系统误差比较大，达 30mm。

② 移动式平均梁基准的安装与调整　目前应用的平均基准梁长 16.8m，通过弹簧支承在滑靴上，可以上下浮动，它分两部分跨越摊铺机前后，通过前部浮动梁和后部浮动梁将原有路面纵坡和新铺路面的平均高程结合在一起，基准梁下部的浮动滑靴对小波浪有滤波作用，长梁对大波浪可平滑过渡。施工过程中，避免固定弦线基准的折线和人为误差影响，能较理想地满足路面平整度指标的要求。

表 3.7 为不同基准施工路面平整度均方差对照表。

表 3.7　不同基准施工路面平整度均方差对照（单位：mm）

施工方式 \ 新铺路面平整度均方差 \ 下承层平整度均方差	2.6	2.4	2.0	1.2
固定弦线基准	1.8	1.7	1.6	1.3
移动式平均梁基准	1.2	1.1	0.9	0.7

③ 施工放样准备　施工放样必须超前于摊铺施工，并且尽可能减少放样误差。在弦线基准施工中，必须在摊铺机前保证有 100～150m 的工作面，支撑弦线的立杆应足够，能确保让 300～400m 的拉线使用。立杆的安装应用深度尺等量具准确测量，减小人为测量误差；加强施工放样的复核，记录应齐全、完整，发现问题及时查明原因，进行修正，保证顺利摊铺。

2. 摊铺机的操作要领

摊铺机的操作要领有以下几点：

- 摊铺机作业速度要均匀一致，作业过程中速度不可任意调整。
- 非操作人员不准上下摊铺机，不准在熨平板上放置物体，如水桶、工具等。
- 不准随意调节熨平板厚度调节手柄；厚度变化较大时，应查明原因，按坡度标准要求进行调节。
- 纵向传感器距熨平板边沿的距离应当恒定，不能时近时远，特别在有横坡的路段，该距离变化，将引起铺层厚度的变化。

- 时刻注意摊铺机的行走方向线，避免急调方向。
- 注意工作仰角的变化，变化超出正常范围时，应查明原因，进行修正。
- 指挥自卸车的停车、起顶、卸料，防止撞击摊铺机。
- 尽可能保持摊铺机料斗内的余料均匀，保证连续均匀供料。
- 调节料位传感器，使螺旋输料器的转速尽可能均匀、保持熨平板前料位均匀一致。

3. 横向和纵向接缝的处理

沥青混合料路面的接缝处理，是直接影响路面平整度和行车舒适性的重要工序，必须由有经验的人员按施工要求管理和操作，施工要认真、仔细。

(1) 横向接缝的处理

横向接缝是沥青路面施工过程中，上次摊铺结束与下次摊铺开始的冷结合缝，横向接缝处理不好，不仅影响路面平整度，而且是形成车辆跳车、路面早期损坏的重要因素，具体的施工工序如下：

- 施工前用3m直尺沿路面纵向在接缝处测量，使3m直尺间隙在2mm以下，确定横向接缝的位置。
- 用混凝土切缝机沿确定的纵向位置切开，切深为铺层厚度，清除多余的铺层材料。
- 用汽油喷灯对横缝立面加热，加温时喷灯应移动进行，以免温度太高使立面处沥青老化。加温至沥青熔化，并具有一定温度（约100℃）为宜。
- 在接茬处，涂刷适量沥青或乳化沥青。
- 上下相连两层的横向接缝不应太近，至少应错开2m以上。
- 摊铺机熨平板放置在接茬处已铺路面上，在熨平板宽度方向垫三块木板，木板厚度为铺层虚铺量厚度，虚铺量一定要准确。
- 按规范要求摊铺后，接茬处的小缺陷人工找补。

(2) 纵向接缝的处理

在较宽的路面摊铺及变幅段的施工中，必须采用两台或多台摊铺机联合作业，采用纵向热接缝施工，并注意以下施工事项：

- 多台摊铺机前后呈梯队平行作业，机前后相距不要太长（一般不大于15m），料温度基本一致。
- 每台摊铺机的熨平板宽度，根据摊铺总宽度适当而定，烫平板宽度差异不宜太大，有一定重叠量（5～10mm）且尽可能将热接缝设在路面划标线位置。
- 变幅施工时，摊铺机组合中，至少有一台液压伸缩熨平板摊铺机，保证变幅需要，液压伸缩熨平板的摊铺宽度不宜太大（一般在8m以内），以确保路面平整度和压实度。

- 螺旋送料器的料位控制适当，不能太高或太低，即既能保证摊铺用料，又不会在热接缝处形成堆料，以免影响接缝处的压实度、平整度。

3.3.3 沥青混合料摊铺机生产率计算

1. 沥青混合料摊铺机性能需求

沥青路面施工中对摊铺机的总体要求有以下几点：

- 具有和监控中心进行数据交换、通话、自动与转运车进行调节距离的功能。
- 在任何设定的摊铺厚度和摊铺速度下，摊铺机的供料系统能够满足连续摊铺的需要。
- 由于摊铺过程中混合料的流量经常变化，所以摊铺机的刮板输送机和螺旋分料器应具有各自独立驱动的无级调速系统，能按比例自动调节混合料的速度、流量，保证均匀平整地摊铺。
- 螺旋布料器能满足各种不同材料、不同厚度的摊铺要求。
- 具有自动调平和保持铺层厚度均匀的功能。
- 具有保证直线行使的左右两边驱动、自动功率分配及速度平衡装置。
- 具有自动弯道摊铺作业功能。
- 具有可调振幅和频率的振捣器及熨平板装置。

2. 沥青混合料摊铺机主要参数确定

(1) 生产能力

在对沥青混凝土摊铺机进行选型时，应结合所铺筑沥青混凝土面层的宽度、厚度、技术要求，在确定摊铺作业方式以全幅式摊铺或梯队作业方式后，应选择精度高、故障率低的沥青混凝土摊铺机，所确定摊铺机的型号、台数应与沥青混凝土搅拌设备的生产能力相适应。

沥青混合料摊铺机生产率按下式计算，即

$$Q = hBV_0\rho K_B \tag{3.11}$$

式中：h——铺层厚度，m；

B——摊铺宽度，m；

V_0——摊铺机摊铺速度，m/h；

ρ——沥青混合料密度，ρ=1.8～2.0t/m³；

K_B——时间利用系数，K_B=0.75～0.95。

(2) 摊铺速度

为保证摊铺层符合密实度、平整度的要求，摊铺机应以恒定的速度进行摊铺作业，并且要避免摊铺机受到外界的干扰和停机等料。在摊铺面层时推荐速度一般为2～4m/min，速

度计算式为

$$V_0 = \frac{Q}{141A} \tag{3.12}$$

式中：Q——沥青拌和设备的供料能力，t/h；

A——沥青路面设计横断面的面积，m^2。

(3) 受料斗的容量 V

V 按下式计算，即

$$V = \frac{QT_d}{60K_f\rho} \tag{3.13}$$

式中：Q——摊铺机的生产率，t/h；

T_d——汽车卸料于受料斗的时间，min，一般为 2～2.5min；

K_f——斗的充满率，一般为 0.6～0.7；

ρ——沥青混合料密度，ρ=1.8～2.0t/m^3。

(4) 刮板输送器的生产率 Q_f

Q_f 按下式计算，即

$$Q_f = 60bh\rho v_f \tag{3.14}$$

式中：b——刮板输送器的宽度，m；

h——闸门的开度，m；

v_f——刮板输送器的线速度，m/min。

刮板输送器生产率应有储备量，即要大于机械的总生产率，一般 $Q_f=1.5Q$。

(5) 螺旋摊铺器的生产率 Q_s

Q_s 按下式计算，即

$$Q_s = 3600\frac{\pi\rho SN_s k_1 k_2}{4}D^2 \tag{3.15}$$

式中：D——螺旋直径，m，一般为 0.3～0.4m；

S——螺距，m，一般为 $S=D$；

N_s——螺旋的转速，rad/s；

k_1——横断面充满系数，一般为 0.3～0.6；

k_2——由于滑转和挤压而引起的生产率下降系数，一般为 0.9～0.95。

(6) 摊铺宽度

目前，公路路面的宽度往往超过摊铺机熨平板的标准宽度和加长后的总宽度，需要多次摊铺才能沿横断面铺满。为了减少摊铺次数，每一条摊铺带的宽度应按某型号摊铺机的最大摊铺宽度来考虑，纵向摊铺次数 n 计算式为

$$n = \frac{B}{(b-x)} \tag{3.16}$$

式中：B——路面宽度，m；

b——一台摊铺机熨平板的总长度，m；

x——相邻摊铺带的重叠量，0.25～0.8m。

据调查，摊铺宽度 10.5m 的摊铺机摊铺路面后取样试验表明，沥青混合料骨料离析相当严重。路面左右两侧，大于 4.75mm 的粗骨料含量占 64%，而路面中间部分含量仅为 36%，均超出规定的级配范围。结果导致路面两侧混合料粗，空隙率大，渗水现象严重。路面中部骨料偏细，抗滑能力偏低，热稳定性下降。国外工业发达国家对于骨料粒径大于 11mm 的路面摊铺宽度有严格的限制，日本为 5.5～6m，欧洲为 6～9m，美国为 3.5～3.75m。我国高速公路面层骨料粒径均大于 11mm，摊铺宽度大于 10.5m，显然很不合适，根据我国实际情况，摊铺宽度应在 6～8m 比较适合。

小　结

通过本项目的学习，要求了解沥青混合料摊铺机结构形式、质量控制方法；熟练掌握摊铺机施工作业过程以及沥青混合料摊铺机生产率的计算。

复习思考题

1. 沥青混合料摊铺机的组成部分有哪些?
2. 沥青混合料摊铺的质量控制方法有哪些?
3. 沥青混合料摊铺机的施工流程是什么?

习题

某沥青混合料成型后的容重 $\rho=2.4\text{t/m}^3$，摊铺路面宽度 $B=10\text{m}$，摊铺层压实成型后的厚度 $h=5\text{cm}$，本项目使用的是一台 MAP320（4000 型）进口沥青搅拌站，额定功率为 $Q=320\text{t/h}$，请问：该摊铺机的生产率是多少?

实训

1. 工程概况

某高速合同段全长 31.604km，单幅路面宽度 12m，上面层采用 5cm 厚铺层，SMA-16，压实容重为 $\rho=2.0\text{t/m}^3$，SMA 铺筑计划工期 40d，每天计划工作时间 8h，全线采用四车道高速公路标准建设。该工程某标段的生产配合比见表 3.8。

表 3.8　某标段生产配合比

9.5～19mm	4.75～9.5mm	2.36～4.75mm	0～2.36mm	矿粉	油灰比
47%	27.5%	2%	13%	10.5%	6%

2. 施工工艺

施工方法采用搅拌站集中搅拌、自卸车运输（成品料运输状况良好，运料速度可达 30～50km/h）、两台摊铺机联合摊铺、压路机碾压的机械化施工作业方式。

3. 技术要求

根据技术要求，混合料出场温度正常范围 180℃±3℃，超过 190℃为废料。混合料运到现场温度不低于 165℃，摊铺温度不低于 160℃，低于 140℃为废料。初压温度不低于 150℃，复压最低温度为 140℃，终压温度不低于 130℃。另据实地气候调查，在正常施工情况下，成品料在运输过程中的温降系数可取 0.3℃/min，在摊铺过程中的温降系数可取 0.5℃/min，在碾压过程中的温降系数可取为 0.5℃/min。

4. 设备情况

合同段沥青搅拌站使用意大利进口型拌和设备 MAP320（4000 型）的额定功率为 Q=320t/h，具体设备见表 3.9。

表 3.9　机械设备列表

机械设备	规格型号	产地	数量	额定功率/（kW/台）
沥青拌和站	MAP320（4000 型）	意大利	1	780
沥青存料罐	100t		5	
摊铺机	TITAN8620、12.5m	德国	2	126
自卸汽车	2492	青岛	20	208
双钢轮振动压路机	DD130	无锡英格索兰	4	93
双钢轮振动压路机	BW203AD-4	德国宝马	2	93
智能乳化沥青洒布机		法国	1	96
洒水车	St5400GPS	山东鲁峰	10	
铣刨机	Wirtgenw2000	Wirtgen HONG KONG Ltd.	1	202
装载机	ZL50D	山东工程机械厂	4	154

沥青混合料的实际需求量为：

材料总需求量 75 849.6t；

沥青的需求量 4293.4t；

9.5～19mm 碎石需求量 33 631.4t；

4.75～9.5mm 碎石需求量 19 678.0t；

2.36～4.75mm 碎石需求量 1431.1t；

0～2.36mm 碎石需求量 9302.3t；

矿粉需求量 7513.4t。

经搅拌站配置计算得 Q_{min}=249.3t/h，沥青混合料成型后的容重 ρ=2.0t/m^3，摊铺路面宽度 B=12m，摊铺层压实成型后的厚度 h=5cm，请问：该摊铺机的生产率是多少？

项目3.4 平 地 机

教学目标

1. 掌握平地机的分类和作业方式
2. 掌握平地机的生产率计算

3.4.1 平地机的作业方式

1. 简述

平地机是一种装有以铲土刮刀为主，配有其他多种可换作业装置，进行平整、拌和和整形等连续作业的筑路机械。

按行走方式不同，平地机可分为拖式和自行式两类，拖式因机动性差，操作费力，已很少使用。自行式平地机具有轮胎行走装置，机动灵活，生产率高，被广泛采用。自行式平地机根据轮胎的数目，可分为四轮和六轮两种；根据车轮驱动情况有后轮驱动和全驱动之分；根据车轮转向情况，又分为前轮转向和全轮转向；根据刮刀长度或发动机功率还可分为轻、中、重型三种；根据工作装置（刮刀）和行走装置的操作方式，可分为机械操纵和液压操纵两种，目前自行式平地机多采用液压操纵。

自行式平地机装有推土机、铲刀、松土耙等多种作业装置，还可换装扫雪器、挖沟刀等备用装置。实现工作装置多样化，进一步扩大平地机的作业功能，是平地机发展的一种新动向。

平地机是一种集铲、运、卸、刮平、摊铺和整形为一体的连续作业机械，主要工作装置是一把刮刀，它可以调整四种作业动作，即刮刀平面回转、刮刀左右端升降、刮刀左右引伸和刮刀机外倾斜，来完成刮刀刀角铲土侧移、刮刀刮土侧移、刮刀刮土直移和机外刮土等作业。具有作业范围宽、操纵灵活、控制精度高、安全舒适等特点。

2. 平地机的选用

(1) 按生产率选用

若工期要求不急，选用主参数较小的平地机较经济，否则选用主参数较大的。

(2) 按地形选用

若工地较狭窄，转向不方便，则选用铰接式平地机便于施工，否则选用整体式较经济。

(3) 按平整精度要求选用

若施工要求平整精度较高，选用铰接式平地机较可靠，反之，选用整体式较经济。

3. 平地机的使用

平地机的主要用途有：从线路两侧取土、填筑不高于1m的路堤，修整路堤的横断面，修刷边坡，开挖路槽和边沟，以及大面积的场地平整等。平地机的合理使用，是提高其工效的有效措施，主要抓住以下几点。

(1) 增大每一工作行程的长度

从平地机生产率的计算公式［式(3.16)］中可以看出，影响平地机生产率的一个重要因素是每一工作行程的长度L。若此行程越长，则单位时间内的行程数也就越少，掉头的时间也可节省。在作路基整型时。要求每一工作行程的长度不小于800～1000m。

(2) 正确调整刮刀的位置

为了提高平地机的生产率，应根据土质及作业项目正确调整刮刀的位置，刮刀的位置由平面角、倾角和切角确定，如图3.11所示。

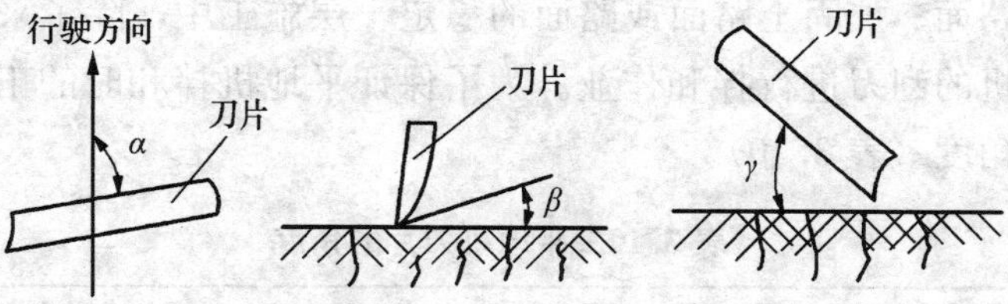

图3.11　平地机刀片角度示意图

(3) 采用多机联合作业

用平地机修整路型时，在不同的施工工序中对刮刀的三种角度都有不同要求。除倾斜角在机械行驶中可随时调整外，其他两种角度都必须停机调整。如果只用一台平地机同时承担三个不同的施工工序，势必使停机调整角度所耗的时间加长。若用多台平地机联合作业（最好用2～3台平地机同时施工，一台铲另两台担任移的任务），密切配合，工效就可以大大提高。

(4) 减少行程总数

平地机在作业时，减少其行程总数对提高其工效十分有利；加装延长刀，可增大刮刀的移土距离，从而减少其行程数等。

4. 平地机用于路面工程施工

路面工程平地机主要完成在路基上拌和、摊铺路面材料，对碎石路面和土路面进行养护，清除路肩上的杂草以及冬季道路除雪等。

(1) 修整路形

这种作业是按照道路横断面要求，将修整出的材料刮除，修成路拱。其施工的程序是由道路的一侧开始前进，达到路段的终点后掉头从另一侧驶回。开始平地机以较小的平面角采用刮刀刀角铲土侧移，将多余物料从道路上刮除，再以较大的平面角将物料刮除，使之达到设计标高。对于全轮转向的平地机，可以将前后轮转向，让机身侧置，这样前后轮刚好错开位置，容易掌握路拱横坡标准。这也是全轮转向平地机的优点。

(2) 开挖路槽

在开挖路面时，应首先在路基上开挖路槽，根据不同的设计方案，路槽的开挖有三种方式：第一种是把路基中间的土铲除，形成路槽，将挖出的土弃掉；第二种是在路基的两侧用土堆起两条路肩，形成路槽，使用这种方法，可以利用整形时的余土或预备土来堆填；第三种方式是将路槽开挖到设计深度的一半，把挖出的土修成路肩，这样挖填的土方量相等（设计时计算好），因此比前两种方式更经济合理。

(3) 路拌路面材料

在修筑碎石路面、加固土路面或路面的稳定土层施工中，除了采用专用路拌机械外，也可用平地机的刮刀进行拌和作业。为了保证平地机拌和时的工作效率，应调整好平地机刀片的角度（表 3.10）。

表 3.10　平地机刀片的角度

拌和条件	平面角 α	倾角 β	切角 γ
干　拌	30°～50°	45°	3°
湿　拌	35°～40°	45°	2°

平地机用作路拌机械有以下三种施工作业方法（图 3.12）。

① *土和掺和料（石灰或水泥）分层摊铺在路基上拌和*　施工顺序是：首先用平地机齿耙耙松土壤后用刮刀刮平。再在其上摊铺掺和料后刮平，然后开始拌和。第一次拌和用刀角铲土侧移将土的掺和料分别沿两侧向外刮。刮送时刮刀一定要刮到硬土层，以免漏拌。通常至少需两个行程，先靠近路床边向路肩刮送土，最后沿路中线向外侧刮送土。第二次拌和是将第一次刮土成堆的各列土堆依次向路中心刮列土堆。以后各次拌和依此类推，直到拌和均匀为止。最后将拌和料刮平并修成要求的路拱。

② *掺和料堆放在路基中线上拌和*　其方法是先将路基路槽中的土翻松，然后将掺和料堆放在已翻松的土上，开始拌和。第一次拌和用刀角铲土侧移将土和掺和料一起向两边刮送，形成两列土堆。第二次拌和就将两侧的两列土堆向中心刮回形成一列土堆。如此由内向外刮拌，直至拌和均匀。最后用平地机刮平，修成一定的路拱。

③ *掺和料堆放在两侧路肩上拌和*　其拌和方法是先将一侧路肩上的掺和料刮至路

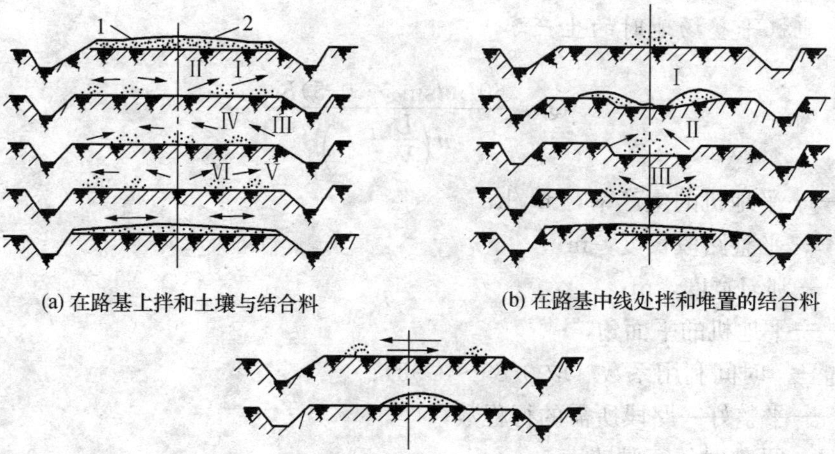

(a) 在路基上拌和土壤与结合料　　(b) 在路基中线处拌和堆置的结合料

(c) 拌和堆置在两侧路肩上的结合料

图 3.12　平地机路拌材料顺序示意图

1-路基；2-路面

槽内摊平，再将另一侧路肩上的掺和料刮入，摊铺在第一层掺和料上（当两侧路肩上堆放的掺和料粒径不同时，应将粒径小的摊铺在上面）。然后，按第一种拌和方法进行拌和及摊铺。

3.4.2　平地机生产率的计算

平地机的生产率计算，根据施工对象的不同，其计算的方法也不同。如在修整路型时，其生产率是按单位时间内所完成的工作量来计算的；而在平整场地时，则按单位时间内所完成的土方面积来计算的。

1. 平地机修整路形时生产率的计算

$$Q=\frac{1000LAK_b}{2L\left(\frac{n_1}{V_1}+\frac{n_2}{V_2}+\frac{n_3}{V_3}\right)+2t_1(n_1+n_2+n_3)} \tag{3.17}$$

式中：Q——平地机的生产率，m^3/h；

L——修整的路段长度，km；

t_1——每次调头时间，min；

A——两侧取土坑的断面面积，m^2；

K_b——时间利用系数（取 0.85～0.9）；

n_1、n_2、n_3——分别为平地机铲土、运土、整平的行程数；

V_1、V_2、V_3——分别为平地机铲土、运土、整平三个过程的速度，km/h。

2. 平地机平整场地时的生产率

$$Q=\frac{60L(l\sin\alpha-0.5)K_B}{n\left(\frac{L}{V}+t_1\right)} \tag{3.18}$$

式中：Q——平地机的生产率，m^3/h；

L——平整路段长度，m；

l——刮刀宽度，m；

α——平地机的平面角，°；

K_B——时间利用系数（取 0.85～0.95）；

n——平整好一路段所需的行程数；

V——平整时的行驶速度，m/min；

t_1——调头时间，min。

从式（3.18）可以看出，平地机每次的行程长度越长，所刮的土也越多，相对的行程次数减少，调头也减少。因为平地机的轴间距大，每次调头所需时间较其他机械要长得多，因此应尽可能减少调头次数。

小　结

本项目主要介绍了平地机的分类、在路面工程中作业方式和作业内容、平地机的生产率的计算，通过本项目的学习，要求掌握平地机的分类、作业方式和生产率计算方法。

复习思考题

1. 平地机有哪几种作业方式？
2. 平地机可以按哪几种方式分类？各个分类方式分别把平地机分为哪几种类型？
3. 平地机如何选用？使用时应采用哪些措施提高工效？
4. 平地机用于路面施工主要完成什么工作？简述各工作的施工过程。
5. 平地机修整路形、平整场地时生产率如何计算？

项目 3.5 沥青混合料压实机械及其选择

教学目标

1. 掌握沥青混合料压实机械的分类及各自适用性
2. 了解常用压实机械的应用范围
3. 掌握压实机械的选择及组合方法
4. 了解常用压实机械生产率计算方法

3.5.1 压实机械分类

压实工作是各种建筑和筑路工程中的重要组成部分，更是沥青路面工程中一道不可缺少的关键性工作。为了使筑路材料颗粒处于较紧实的状态和增加它们之间的内聚力，可以采用静力和动力作用的方法使其变得更为密实。在筑路过程中，路基和路面压实效果的好坏，是直接影响工程质量优劣的重要因素。因此，必须采用专用的压实机械对路基和路面进行压实以提高它们的强度、不透水性和密实度，防止因受雨水、风雪侵蚀以及运输车辆载荷作用而产生沉陷破坏。

1. 按压实作用原理分类

压实机械按压实作用原理分为静力压路机、振动压路机和夯实机械。

(1) 静力压路机

静力压路机主要是依靠机械自重的静压力作用，利用滚轮在碾压层表面往复滚动，使被压实层产生一定程度的永久变形而达到压实目的，这类压实机械包括各种型号的光轮压路机、轮胎压路机（简称轮胎碾）、羊脚压路机（简称羊脚碾）等。

静力压路机形式有二轮二轴式（2～13t）[图 3.13 (a)]、三轮三轴式（13～14t、加配重 15t）以及三轮二轴式（11～15t、加配重 1～3t）[图 3.13 (b)]。静力压路机与振动压路机相比其压实功能虽有一定局限性，压实厚度亦受到一定限制（一般不超过 200～250mm）而且易产生“虚”压实现象，但其结构简单，使用与维修简便，系列化程度高，可供选择的机型较多，能适应某些特定条件下的压实工作，所以国内仍普遍在机械化施工程度不高的施工条件下使用静力压路机。

轮胎压路机简称轮胎碾（图 3.14）是比较常用的一种静力压路机类型，它主要靠机械自身的重力，通过特制的充气轮胎对铺层材料进行压实的机械。它除有垂直压实力外，还有水平压实力。这种水平压实力不但沿机械行驶方向有压实力的作用，而且

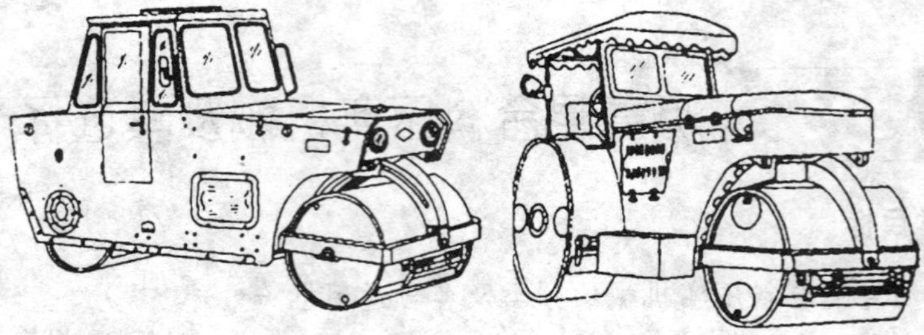

(a) 二轮二轴式　　(b) 三轮二轴式

图 3.13　静力压路机

沿机械的横向也有压实力的作用。由于压实力能沿各个方向作用于材料颗粒，再加上橡胶轮胎的弹性所产生的一种“揉搓作用”产生了极好的压实效果，可得到最大的密实度。轮胎式压路机有拖式与自行式，自行式轮胎压路机的机动性好，便于运输和转移工地，目前大都采用自行式。

图 3.14　轮胎式压路机

轮胎压路机碾轮采用充气轮胎，一般装前轮 3～5 个，后轮 4～6 个，前后轮胎相错排列，可以消除碾压空隙。它可根据压实需要，将轮胎同时升降或单只升降，此外，它还可以通过改变充气压力改变接地压力，控制调节压力，一般范围为 0.11～1.05MPa，除了适宜于压实沥青混凝土铺装层外，几乎还能够完成所有的压实工作，适于各种性质的土体，是当今压实工程中必备的压实机械之一。

(2) 振动压路机

振动压路机靠自身的碾重静压，以及偏心块高速旋转所产生的振动压力共同压实路面，其按行走方式分为拖式、手扶式和自行式三种，拖式和手扶式振动压路机主要技术性能指标见表 3.11 和表 3.12。

振动压路机具有可调整的频率和振幅，以适应压实材料的不同，取得良好的压实效果。其自重轻，耗能少，生产率高，压实深度大，压实质量好，可有备用凸块、光轮进行换装，拆装方便。振动压路机当不需要振动时，可以变为静力碾压。

振动压路机最适宜压实各种非黏性土壤、碎石、碎石混合料以及各种沥青混凝土等，是筑路工程中不可缺少的压实设备。沥青路面施工常用的压路机质量为 7～18t 之间，激振力为 150～300kN 之间。

表 3.11　拖式振动压路机主要技术性能

型　　号		YZTY8	YZTY12	YZTY14	YZTY15	YZTY15	YZTY18
机重/t		8	12	14	15	15	18
振动轮直径/mm		1400	1800	1800	1720	1770	1800
宽度/mm		1720	2000	2000	2000	2000	2000
振动频率 /（次/min）		1800	1800	1800	1740	1650	1650
激振力/kN		186	298	290	343	343	392
振幅/mm		1.3	1.4		1.4	≥2	1.54
线荷载静态 /（N/cm）		456	562	500	735	735	882
动态/（N/cm）					2450		
柴油机型号		4120F	F6L912G16	6120F	F6L912G16	F6L912G7	F6L913
功率/kN		60	82	89	82	74	96
转速/（rad/min）			2500	1800	2500	2150	
拖拉机功率/kW		56	74	100	74	66	88
拖行速度/（km/h）			2～5	2～4	2～4	2～5	2～5
外形尺寸/mm	长	4450	5400	5525	5400	5664	5592
	宽	2380	2740	2490	2740	2783	5852
	高	1600	1850	1975	1850	2300	2015
生产厂		陕西水利机械厂	陕西水利机械厂	洛阳建筑机械厂	陕西水利机械厂	铁道部二十局机械厂	陕西水利机械厂

表 3.12　手扶式振动压路机主要技术性能

型　　号	YZS05	YZS06	YZS06B	YZS07	YZS1	YZS1A
机重/t	0.5	0.68	0.75	0.85	1	1
振动轮直径/mm	350	406	405	406	457	480
宽度/mm	400	600	600	600	700	750
振动频率 /（次/min）	2580	2900	2880	2900	3000	3460
激振力/kN	19.6	12	12		24.5	19.6/39.2
振幅/mm					0.36	
线荷载静态/(N/cm)	62.5		62.5		70	
动态/（N/cm）	233.5		100		175	
轴距/mm	560	470	470	470	570	600

续表

型　号		YZS05	YZS06	YZS06B	YZS07	YZS1	YZS1A
最小离地间隙/mm				275	271		
最小转弯半径/mm				2200		2500	
爬坡能力/%		20	22	40		32	40
行走速度/（km/h）	1速	1.3	2.4	2.5		1.5	1.6
	2速	2.5	2.7（后退）			3.1	2.8
发动机型号		X170F	175N	175N	175N	180N	AI-85
功率/kW		3	3.7	3.7	4.4	5.2	6
转速/（rad/min）			2200	2200	2600	2200	2400
外形尺寸/mm	长	2188	2560	2400	2120	1960	2330
	宽	500	750	790	750	798	925
	高	1085	1279	1065	1100	1100	940
生产厂		邯郸建筑机械厂	四平建筑机械厂	洛阳建筑机械厂	陕西水利机械厂	中建四局机械厂	四平建筑机械厂

（3）夯实机械

夯实机械主要用于狭窄的沟槽回填以及大型碾压机械不能到达地段的压实作业。夯实厚度可以达到1～1.5m，适应于桥背、涵侧路基夯实、路面坑槽的振实和路面养护维修的夯实平整。

夯实机械按工作原理的不同可分为冲击式、振动式和振动-冲击式。

冲击式夯实机是把重物提升到一定的高度落下，冲击被压层，使之压实，这类机械包括各种内燃机式和电动式夯实机，如蛙式夯实机，主要适用于夯实黏性土和非黏性土。

振动夯实机利用机械自身产生的高频振动作用于被压层，不需要大的跳起高度，但有相当大的振动频率，如振动平板夯，适用于颗粒性土壤（如非黏性砂质黏土、砾石、碎石）的夯实，尤其是用于狭窄地段的工作。

振动-冲击夯又称快速冲击夯，是一种新型、小型夯实机械，通过冲击和振动的联合作用进行作业，适用于砂石等松散物料的夯实，也可用于压实黏性土。

各夯实机械主要技术性能如表3.13～表3.15所示。

表3.13　振动冲击夯主要技术性能

形　式		内燃式					电动式		
型　号		HC70	HC70	HC70	HC75	HC75	HC75D	HC70D	HC70D
机重/kg		70	70	70	75	75	75	70	70
夯板面积/mm	长	345	300	300	362	260	300	300	300
	宽	280	280	280	280	280	280	280	280
夯击次数/mm^{-1}			420～672	400～600	648～678	600～680		644	400～600
跳起高度/mm		80	45～65	45～60	5.5～50	15～70	40～50	45～65	45～60
冲击力/kN		5.67	5.488		5.68	23		5.5	
前进速度/（m/min）			12.5	9～12	6～12.7	12		12.5	9～12
调节挡位					4	4			
外形尺寸/mm	长	650	665			720	665	840	690
	宽	420	430			430	430	690	430
	高	1250	920			1000	950	452	940
动力机	型号	5T76L	1E50F	1E50F	1E50F	1E50F	YNL90L-2		XCH90-2
	功率/kN	1.9	2.2	2.2	2.2	2.2	2.2	2.2	2.2
	转速/（rad/min）	4700	4000	4000	4000	4000	2840	2900	2850
生产厂		上海工程机械厂	湖北振动器厂	洞庭工程机械厂	资江机器厂	青岛内燃机厂	新乡建工机械厂	湖北振动厂	洞庭工程机械厂

表3.14　振动平板夯主要技术性能

动力形式		内燃式			电动式		
型　号		HZR70	HZR130	HZR250A	ZH85	ZPH250-H	HZD300
激振力/kN		98	17.64	20	22	24.5	33
振动频率/（次/min）		5000	5400	2238	1500	2400	38Hz
振幅/mm				5～6		5～10	
夯板面积/m^2	带边板	0.236	0.202	0.36	0.147	0.36	0.41
	不带边板	0.172		0.25		0.25	0.25
进退速度/（m/min）		20	26	17	24	15～20	16
最大登坡能力				30%	17°	20°	30%
发动机	型号	162F	175F-1	R175			
	功率/kW	2.59	3.67	4.42			
	转速/(rad/min)	4000	2600	2600			

续表

动力形式		内燃式			电动式		
电动机	型号					JQ2-32-4	Y112M-2
	功率/kW				2.2	4	4
	转速/(rad/min)				1420	2860	2860
外形尺寸/mm	长	1160	1260	1635	1200	850	
	宽	400	500	640	490	640	
	高	770	550	1020	800	550	
机重/kg	带边板	90	135	360	190	250	340
	不带边板	70		250		220	300
生产厂		四平建筑机械厂	四平建筑机械厂	义乌建筑机械厂	甘肃建机一厂	前锋仪器厂	上海工程机械厂

表 3.15　蛙式夯实机主要技术性能

型号		HW20	HW60	HW140	H201-A	HW170	HW280
机重/kg		151	250	130	125	170	280
夯板面积/m^2		0.055	0.078	0.04	0.04	0.078	0.078
夯击能量/（N·m）		200	620	200	220	320	620
夯击次数/min		155～165	140～150	140～145	145	140～150	140～150
前进速度/（m/min）		6～8	8～13	9	8	8～13	11.2
夯头跳高/mm		100～170	200～260	100～170	130～140	140～150	200～260
电动机	型号	J02-31-4	Y100L2-4	J02-32-4	J02-22-4	Y100J-6	J02-32-4
	功率/kW	2.2	3	1	1.5	1.5	3
	转速/(rad/min)	1430	1420	1420	1410	960	1430
外形尺寸/mm	长	1560	1220	1080	1050	1220	1220
	宽	520	650	500	500	650	650
	高	590	750	850	980	750	750
生产厂		蒲城建筑机械厂	天津建工机械厂	新疆建筑机械厂	安平建筑机械厂	济南建筑机械厂	天津建工机械厂

2. 按行走方式分类

压实机械按行走方式分为拖式和自行式两种。

拖式压路机采用推土机、拖拉机等其他施工机械或车辆牵引碾压机械，此类压实机械主要有振动压路机、羊脚碾等。自行式压路机的类型如图 3.15 所示。

- 自行式压路机
  - 静碾压路机
    - 钢轮压路机
      - 串联式压路机
      - 三轮式压路机
    - 轮胎压路机
    - 组合式压路机（钢轮-轮胎组合）
  - 振动压路机
    - 手扶式振动压路机
      - 单轮式
      - 双轮式
    - 自行式振动压路机
      - 双轮串联式振动压路机
      - 组合式振动压路机（钢轮-轮胎组合）
      - 双轮摆振式振动压路机

图 3.15　自行式压路机的类型

3. 其他分类

压实机械除上述分类外，还有按碾轮形状分为光轮、羊脚轮和充气轮；按滚轮和轮轴的数目分目前有三种类型：二轮二轴式、三轮两轴式及三轮三轴式；按机重分为轻型（5～8t）、中型（8～10t）、重型（10～15t）三种。

3.5.2　压实机械选择

1. 常用压实机械的使用范围

压实机械选择的主要依据是：被压实材料的种类、性质、颗粒组成、含水量和施工试验所确定的铺层厚度等。

(1) 光轮压路机

光轮压路机是一种静力作用压路机。这种压路机由于单位线压力小，压实深度浅，适用于一般的公路工程。按其质量可分为特轻型、轻型、中型、重型和特重型五种，应用范围如表 3.16 所示。

表 3.16　光轮压路机按其质量分类的应用范围

按质量分类	加载后质量/t	单位线压力/kPa	应用范围
特轻型	＞0.5～2.0	＞800～2000	压实人行道和修补沥青类路面
轻型	＞2～5	＞2000～4000	压实人行道、沥青表处层、公园小道、体育场和土路基
中型	＞5～10	＞4000～6000	压实路面、砾石、碎石基层、沥青混合料层
重型	＞10～15	＞6000～8000	砾石、碎石类基层、沥青混合料层的终压作业
特重型	＞15～20	＞8000～12 000	压实大石块填筑的路基和碎石结构层

(2) 羊脚（凸块）碾

羊脚（凸块）碾有较大的单位压力，压实深度大而均匀，并能挤碎土块，因而有很好的压实效果和较高的生产率。它广泛应用于黏性土的分层压实，但不适用非黏性土及高含水量黏土的复压。

(3) 轮胎压路机

轮胎压路机机动性好，便于运输，进行压实工作时与轮胎同时变形，接触面积大，并有揉压的作用，压实效果好。它适用于压实黏性土、非黏性土及沥青混合料的复压。

(4) 振动压路机

振动压路机单位线压力大，振动力影响深，因此压实深度较大，压实遍数相应减少。光轮振动压路机最适用于压实非黏性土、碎石、块石及不同类型、不同厚度的沥青混合料面层。羊脚式振动压路机既可压实非黏性土，又可压实含水量不大的黏性土、细颗粒沙砾及碎石土。

几种常用压路机适宜的压实厚度见表 3.17。

表 3.17　几种类型压路机适宜的压实厚度

压路机类型	适宜的压实厚度/cm	碾压遍数	适应土壤种类
8～10t 静光轮压路机	15～20	8～12	非黏性土
12～20t 静光轮压路机	20～25	6～8	非黏性土
9～20t 轮胎压路机	20～30	6～8	亚黏土、非黏性土
30～50t 拖式轮胎压路机	30～50	4～8	各类土壤
2～6t 拖式羊脚碾压路机	20～30	6～10	黏性土
14t 拖式振动压路机	100～120	6～8	沙砾土、碎石
10t 振动压路机	50～100	4～6	非黏性土

各种碾压轮对不同土壤的大致适用范围如图 3.16 所示。

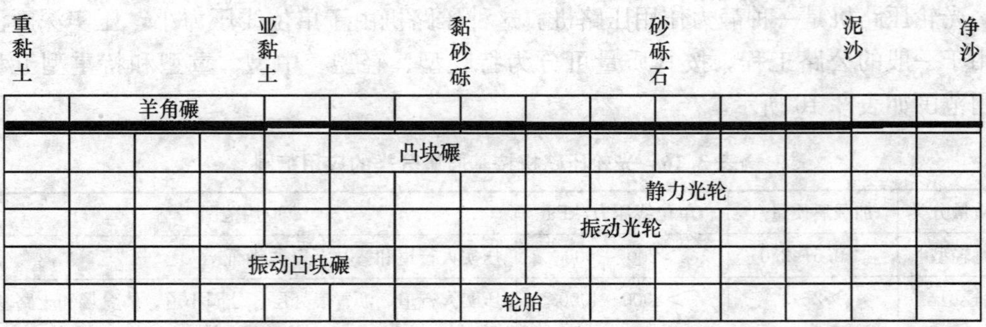

图 3.16　各种碾压轮对不同土壤的大致适用范围

2. 压实机械的选型与组合

沥青路面施工应配备足够数量的压路机，选择合理的压路机组合方式及初压、复压、终压（包括成型）的碾压步骤，以达到最佳碾压效果。

① 初压　多采用 6～8t 双轮钢筒式压路机或 6～8t 双轮双振压路机静压 2～3 遍。

② 复压　宜采用 20～25t 轮胎式压路机揉压或 6～14t 振动压路机振压。

③ 终压　宜采用 6～14t 振动压路机或 6～8t 双轮钢筒式压路机静压 2～3 遍。

④ 其他　除上述压实机外，还应配备 1～2t 手扶小型振动压路机及其人工热夯。

压路机的碾压速度应符合表 3.18 的规定。

表 3.18　压路机碾压速度（单位：km/h）

压路机类型	初压		复压		终压	
	适宜	最大	适宜	最大	适宜	最大
钢筒式压路机	2～3	4	3～5	6	3～6	6
轮胎式压路机	2～3	4	3～5	6	4～6	8
振动压路机	2～3（静压或振动）	3（静压或振动）	3～4.5（振动）	5（振动）	3～6（静压）	6（静压）

3.5.3　压实机械生产率计算

1. 静力压路机生产率计算

静力式压路机的压实生产率 Q 主要由轮宽、滚压速度、滚压遍数、工作效率等因素决定，计算公式为

$$Q=\frac{3600(B-b)LK}{(L/v+t)n} \tag{3.19}$$

式中：Q——静力光轮压路机的生产率，m^2/h；

B——滚压带的宽度，m；

b——两相邻滚压轮的重叠宽度，一般取 0.15～0.25mm；

L——滚压作业路段长度，m；

v——滚压速度，m/s；

t——转弯掉头或换挡时间，一般转弯取 15～20s，换挡取 2～5s；

n——同一作业路段需滚压的遍数；

K——时间利用率，一般取 0.85～0.9。

2. 振动压路机生产率的计算

振动压路机的生产率 Q 主要由轮宽、压实遍数、压实速度、工作效率决定。计算公式为

$$Q=C\,\frac{1000BvH}{n} \tag{3.20}$$

式中：C——效率系数，C=实际生产率/理论生产率；

B——有效压实宽度，m，压轮宽度减去滚压轮重叠宽度，滚压轮宽度一般取 0.1～0.2m；

v——压实速度，km/h；

H——压实后的铺层厚度，m；

n——压实遍数。

高速公路铺筑双车道沥青路面的压路机数量不宜少于5台。施工气温低、风大、碾压层薄时，压路机数量应适当增加。

小　　结

通过本项目的学习，要求掌握沥青路面施工常用压实机械的分类及各自特点，同时要掌握几种工程中常见的压实机械的适用范围。在了解压实机械选择和组合方法的基础上，熟练掌握静力压路机和振动压路机的生产率计算方法。

复习思考题

1. 压实机械的类型有哪些？各类压实机械的特性和使用条件是什么？

2. 羊脚碾、轮胎压路机、振动压路机有什么碾压特点？

习题

1. 已知某路段路面施工，采用轮宽为2m的振动压路机进行基层某面层施工，要求压实5遍，压实过程中该压路机平均行驶速度为2.5km/h，该层压实厚度为0.8m，取效率系数为0.75，问：此振动压路机的生产率为多少？

2. 某高速公路道路施工，其土壤条件为亚黏土类，试分析在选用压实机械时应选择的机械类型，并分析不同类型压路机对压实效果的影响。

项目3.6 施工机械匹配计算

教学目标

1. 熟悉沥青混合料施工机械的选择、组合原则
2. 掌握沥青混合料施工机械选择方法及匹配计算

3.6.1 施工机械选择和组合原则

1. 施工机械选择原则

工程量和施工进度是合理选择施工机械的重要依据，在选择施工机械时应遵循以下几条原则：

① 工程适用性　选用的施工机械时要注意两点：一是选用的施工机械类型应适合于工地的气候、地形、土质、施工场地大小、运输距离、施工断面形状尺寸、工程质量要求等；二是机械容量要与工程进度及工程量任务相符合，避免因机械工作能力不足或剩余造成延缓工期或机械利用率太低的现象。

② 技术先进性　一台性能和技术都很先进的机械，其生产能力是一台相对落后的机械的数倍。选用先进的机械，其生产效率高、故障率低、需要人工维护的时间少，作业质量一般也有保证。

③ 经济合理性　机械的经济合理性，首先是其购置的经济性；其次是使用的经济性，包括燃油、零部件等；同时应考虑本单位作业人员的技术水平。

④ 配套性　在选择机械时，一方面要考虑单台配套性，特别是进口机械；另外，还应考虑成组设备的配套性。

⑤ 可靠性　可靠性包括运行可靠性和技术可靠性。如果可靠性差，势必影响正常的工程作业，降低利用率，增加机械维修成本，甚至会出现机械事故，造成人员伤亡和财产损失。

⑥ 保证工程质量和施工安全　选择合理的施工机械是保证工程质量的重要原因之一。

2. 施工机械的组合原则

(1) 施工机械技术性能的合理组合

① 主要机械与配套机械的组合　配套机械的工作容量、生产率和数量应稍大一点，以便充分发挥主要机械的作业效率。

② 主要机械与辅助机械的组合　辅助机械的生产率应略大一些，以便充分发挥主要机械的生产率。

③ 牵引车与其他机具的组合　两者要互相适应，不能出现“大马拉小车或小马拉大车”现象，以便获得最佳的“联合作业”效益。

(2) 施工机械类型与其数量的合理组合

① 施工机械类型及数量宜少不宜多　根据施工作业内容，尽可能地选用大工作容量、高作业效率的相同类型的施工机械。一般来说，组合的施工机械台数适当减少，有利于提高协同作业的效率。施工机械品种、规格单一时，便于施工过程中的调度、管理和维护。

② 并列组合　只依靠一套施工机械组合作业，当主要施工机械发生故障时，就会造成建设项目全线停工。若选用两套或多套施工机械并列作业，则可避免或减少全线停工现象的发生，沥青路面施工中人们多采用两套沥青摊铺机、压路机并列作业即为典型实例。

3. 施工机械的选择方法

(1) 根据公路建设项目作业内容选择施工机械

以沥青路面面层施工为例，路面工程作业内容包括混合料的摊铺、碾压，辅助作业还包括清理下承层、洒透层（或黏层）沥青、接缝处理等工作，每种作业可根据其工程类别选择机械与设备。

(2) 根据公路建设项目工程量选择施工机械

在施工期限内，按照施工计划中的月作业强度和日作业量选择施工机械。

(3) 根据运输距离和道路情况选择施工机械

在沥青路面施工中，为保证沥青混合料摊铺工序所需温度（≥110℃）和压实工序所需温度（≥90℃），自卸车运输沥青混合料的距离不宜超过30km。在路基工程施工中，选择施工机械时应考虑运输机械的经济运距和道路条件。所谓经济运距，是指机械施工时较为经济的范围。道路条件是指道路的类别、路况、坡度和路面阻力等。因此，可根据表3.19推荐选择施工机械。

表3.19　根据运距和道路条件选择施工机械

机械	履带推土机	履带装载机	轮胎装载机	拖式铲运机	自行式铲运机	轮式拖车	自卸汽车
经济运距/m	<80	<100	<150	100～500	200～1000	>2000	>2000
道路条件	土路不平	土路不平	土路不平	土路不平	土路不平	平坦路面	一般路面

(4) 根据土质选择施工机械

在路基工程施工中，土壤是施工机械作业的主要对象，其性质和状态直接关系到施工机械的作业质量、作业效率和成本，因此土质是选择施工机械的重要根据之一。

(5) 根据气象条件选择施工机械

雨水会迅速改变土壤状态，特别是黏土，因此选择施工机械时要充分考虑公路建设项目施工期间的气象情况。例如，久晴不雨、土质干燥时可选择轮式施工机械进行作业；反之，连日阴雨、土壤过分潮湿和作业场地及道路泥泞时，则选用履带式施工机械进行作业为宜。

3.6.2　施工机械匹配

沥青路面施工机械的匹配既要考虑各种机械能力的相互配合与平衡，还要考虑经济方面的因素。沥青路面施工机械应优先选择生产能力大和自动化程度高的机械，以摊铺机、搅拌设备为主导机械，并与自卸车、压路机等进行优化组合，其中，摊铺机和搅拌设备生产能力的配套是问题的关键。

1. 沥青混合料搅拌设备

沥青混合料搅拌设备通常是根据沥青路面的技术要求、工程量、工期、搅拌设备的生产能力和移动方式来进行选型，同时要考虑与摊铺机作业能力相匹配。要求其具有独立的调速、调频的冷料供给系统；应该节能，符合环保要求；计量、级配和油石比准确；搅拌均匀，并能手动和自动控制；各部分工作安全可靠。目前应用较多的是强制间歇式、生产率在 300t/h 以下的搅拌设备。

沥青混合料搅拌设备选型的主要依据生产率 Q_b 由下式确定，即

$$Q_b = \frac{LBHD}{TKt} \tag{3.21}$$

式中：Q_b——搅拌设备生产率，t/h；

L——铺筑长度，m；

B——摊铺宽度，m；

H——铺筑厚度，m；

D——压实密实度（一般取 2.35），t/m^3；

T——施工工期，d；

K——开工日系数（时间利用系数），取 0.8～1；

t——每天实际运转时间，h。

2. 运输车辆

在沥青混凝土路面施工过程中，为保证现场摊铺机均匀连续地进行施工作业，要求沥青混合料的供给量和摊铺工作量相匹配，拌和设备生产能力确定后，可依据运距远近确定运输车辆的数量，通过实际计算与分析，所需运输车次总数，可以通过如下公式确定，即

$$N = A \cdot h \cdot \frac{\rho}{q} \tag{3.22}$$

式中：N——表示所需运输车次总数，次；

A——施工现场计划施工面积，m^2；

h——施工结构层厚度，m；

ρ——结构层压实密度，t/ m^3；

q——汽车平均载重量，t。

单位时间内运输车量需求可以通过如下公式确定，即

$$n = \frac{Q_b DK}{qV + n'} \tag{3.23}$$

式中：n——单位时间内运输车量需求，辆；

Q_b——拌和设备的单位生产能力，t/h；

D——平均运距，km；

V——运输车辆平均运输速度，km /h；

K——时间利用系数；

n'——摊铺机前等待卸料车辆，辆。

在实际计算过程中，时间利用系数与施工组织具有密切关系，一般取值在 0.75～0.85 之间，施工组织越严密，管理越规范，取值越大；反之，越小。摊铺机前等待卸料车辆 n'的取值要考虑沥青混合料对施工温度的要求，在摊铺机前卸料等待车辆不能过多，当外界施工温度较高（30℃以上），等待车辆可以取 2～4 辆，当外界施工温度较低（20℃左右），等待车辆可以取 3～5 辆即可。

3. 沥青混合料摊铺机生产能力及数量确定

为保证运到摊铺现场的沥青混合料能够及时摊铺完毕，在选择沥青混凝土摊铺机械时应考虑其实际摊铺能力应略大于拌和设备的实际拌和能力，或者在摊铺机械选定的前提下，再去确定拌和设备的实际生产能力。摊铺机的实际摊铺能力为以实际摊铺宽度、厚度，在一定的摊铺速度下能够摊铺符合工程质量要求的生产能力，可用下式计算，即

$$Q_t = 60K_t BHV_t \rho \tag{3.24}$$

式中：Q_t——摊铺机实际生产能力，t/h；

K_t——时间利用系数，一般取 0.75；

B——摊铺机作业宽度，m；

H——混合料压实厚度，m；

V_t——摊铺机摊铺速度，m/min；

ρ——结构层压实密度，t/ m^3。

在实际施工过程中，摊铺机速度会因混合料的种类、温度及铺筑的层次有所区别，一般下层的摊铺较快，约为 10m/min，上面层的摊铺速度较慢，约为 6m/min 以下。

摊铺机需求数量 n 可以通过下式确定，即

$$n=\frac{KQ_b}{Q_t} \tag{3.25}$$

式中：Q_b——拌和设备的单位生产能力，t/h；

K——拌和机与摊铺机的机械匹配系数，1.2～1.3；

Q_t——摊铺机实际生产能力，t/h。

4. 压路机

在按沥青路面工程的实际情况选择压路机的型号和数量时，还应考虑摊铺机的生产率、混合料特性以及施工现场的具体条件等因素，其中摊铺机的生产率决定所选用的压路机的压实能力，即决定了压路机的型号和数量，而混合料的特性则为选择压路机的质量（吨位）、最佳振动频率和振幅等提供了依据（参考本书项目3.5的内容）。例如，当混合料中骨料含量增加或粒径增大时，会使压路机作业速度降低，为此需要选用较大压实能力的压路机，沥青稠度高时也是如此。

压路机数量n通过下式确定，即

$$n=\frac{Q_t}{Q} \tag{3.26}$$

式中：Q_t——摊铺机实际生产能力，t/h；

Q——压路机实际生产能力（见项目3.5），t/h。

在沥青路面混凝土路面施工过程中，通常需配置四台套压路机，即两台钢轮压路机，两台轮胎式压路机。

小　　结

通过本项目的学习，要求清楚了解沥青路面施工机械的选择及组合原则，并掌握沥青路面主要施工机械的选择方法和匹配计算。

复习思考题

1. 沥青混合料施工机械有哪些选择和组合原则？
2. 如何进行沥青混合料施工机械的选择？

习题

工程概况：

某市主干道某段沥青混凝土路面工程，全长1920m，其中快车道宽15m，慢车道宽6m×2=12m（含部分交叉口）。设计路面结构层为：4.0cmAC-16Ⅰ型中粒式沥青混凝土+6.0cmAC-25Ⅱ型粗粒式沥青混凝土+1.0cm乳化沥青下封层。

本工程拌和楼设置在该市高速公路入口处南侧，生产率为200t/h，试根据本项目相关内容进行摊铺机械、运输机械及压实机械的选择（计算时可取沥青混合料密度为2.35t/m³；自卸汽车采用15t或以上，自卸汽车平均速度可采用60km/h，运输过程中平均运距约为100km。）

单元4

沥青面层施工及质量控制

教学目标

1. 掌握热拌沥青混合料路面特点、分类
2. 掌握热拌沥青混合料路面的施工工艺流程和质量控制要点
3. 掌握沥青贯入式路面的施工工艺流程和质量控制要点
4. 掌握沥青表面处治路面的施工工艺流程和质量控制要点
5. 能够说明沥青路面常见病害的类型、特点、产因及处治措施
6. 能够说明稀浆封层与微表处的适用条件和施工技术要点

项目4.1 热拌沥青混合料面层施工及质量控制

教学目标

1. 掌握热拌沥青混合料路面分类及其应用情况
2. 熟练掌握热拌沥青混合料面层施工工艺流程、施工要点
3. 熟练掌握热拌沥青混合料面层的施工质量控制
4. 结合工程实例，能分析沥青混合料面层施工环节中的质量问题

4.1.1 认识热拌沥青混合料

1. 热拌沥青混合料的分类

沥青混合料指由矿料与沥青结合料拌和而成的混合料的总称。热拌沥青混合料（HMA）适用于各种等级公路的沥青路面。其种类可以按集料公称最大粒径、矿料级配、空隙率划分，分类见表4.1。

表4.1 热拌沥青混合料种类

混合料类型	密级配			开级配		半开级配	公称最大粒径/mm	最大粒径/mm
	连续级配		间断级配	间断级配				
	沥青混凝土	沥青稳定碎石	沥青玛琋脂碎石	排水式沥青磨耗层	排水式沥青碎石基层	沥青稳定碎石		
特粗式	—	ATB—40	—	—	ATPB—40	—	37.5	53.0
粗粒式	—	ATB—30	—	—	ATPB—30	—	31.5	37.5
	AC—25	ATB—25	—	—	ATPB—25	—	26.5	31.5
中粒式	AC—20	—	SMA—20	—	—	AM—20	19.0	26.5
	AC—16	—	SMA—16	OGFC—16	—	AM—16	16.0	19.0
细粒式	AC—13	—	SMA—13	OGFC—13	—	AM—13	13.2	16.0
	AC—10	—	SMA—10	OGFC—10	—	AM—10	9.5	13.2
砂粒式	AC—5	—	—	—	—	AM—5	4.75	9.5
设计空隙率/%	3～5	3～6	3～4	>18	>18	6～12		

注：设计空隙率可按配合比设计要求适当调整。

2. 热拌沥青混合料的应用

各种沥青混合料路面的选择使用，一方面要根据任务要求（道路的等级、交通量、

使用年限、修建费用等）和工程特点（施工季节、施工期限、结构组合状况等），另一方面还应考虑材料的供应情况、施工机具、劳动力和施工技术条件等因素。

我国《公路沥青路面施工技术规范》（JTGF40—2004）规定：高速公路及一级公路的表面层、中面层、下面层应采用沥青混凝土，二级公路的表面层应采用沥青混凝土。工程实践中可参照表4.2和表4.3和以下原则选定。

表4.2 面层类型的选择

面层类型	公路等级
沥青混凝土（AC）	高速、一级、二级、三级、四级公路
沥青玛琋脂碎石（SMA）	高速、一级表面层
沥青贯入式、沥青碎石、沥青表面处治	三、四级公路
设计空隙率6%～12%的半开级配沥青碎石混合料（AM）	三、四级公路，乡村公路，且沥青混合料拌和设备缺乏添加矿粉装置和人工炒拌的情况
设计空隙率3%～6%粗粒式及特粗式的密级配沥青稳定碎石混合料（ATB）	基层
设计空隙率大于18%的粗粒式及特粗排水式沥青稳定碎石混合料（ATPB）	排水基层
设计空隙率大于18%的细粒排水式沥青碎石混合料（OGFC）	高速行车、多雨潮湿、不易被尘土污染、非冰冻地区铺筑排水式沥青路面磨耗层和排水路面的表面层

表4.3 沥青路面各层适用的沥青混合料参考类型

筛孔系列	结构层次	高速公路、一级公路、二级公路		其他等级公路	
		三层式沥青混凝土路面	两层式沥青混凝土路面	沥青混凝土路面	沥青碎石路面
方孔筛系列	上面层	AC-13 AC-16 AC-20	AC-13 AC-16	AC-10 AC-13	AM-10 AM-13
		SMA-10 SMA-13			
		OGFC-10 OGFC-13			
	中面层	AC-20 AC-25			
		SMA-16 SMA-20			
	下面层	AC-20 AC-25	AC-20 AC-25	AM-16 AM-20	AM-16 AM-20

特粗式沥青混合料适用于基层，粗粒式沥青混合料适用于下面层或基层，中粒式沥青混合料适用于中面层和表面层，细粒式沥青混合料适用于表面层和薄层罩面，砂粒式沥青混合料适用于非机动车道或行人道路。对高速公路及一级公路，除沥青稳定

碎石基层外，通常宜选用公称最大粒径为13.2～26.5mm的沥青混合料。

对沥青层较厚的高速公路及一级公路应注意以下3点：

- 潮湿区和湿润区的路面上面层应符合潮湿条件下的抗滑要求，抗滑性能不符合要求时，宜铺筑抗滑磨耗层。在寒冷地区，表面层应考虑低温抗裂性能的要求。
- 三层式面层的中面层或双层式面层的下面层应重点满足混合料的高温抗车辙性能。下面层应在满足高温抗车辙性能的基础上，重点考虑抗疲劳性能及抗裂性能的要求。
- 除排水式沥青混合料外，每一层都应该考虑密水性，当上层属渗水性结构层时，层间或下层应采取防渗水或排水措施。高速公路的紧急停车带（硬路肩）沥青面层宜采用与车行道相同的结构，但表面层宜采用密级配沥青混凝土混合料铺筑。

沥青类路面一般不宜铺筑在纵坡大于6%的路段上。在纵坡大于3%的路段，考虑抗滑性能时宜采用粗粒式的沥青碎石或粗粒式沥青混凝土做面层。

4.1.2 热拌沥青混合料路面施工

1. 一般规定

《公路沥青路面施工技术规范》(JTG F40—2004) 中对热拌沥青混合料结构层施工的一般规定如下。

(1) 各层沥青混合料的要求

各层沥青混合料应满足所在层位的功能性要求，便于施工，不容易离析。各层应连续施工并结合成为一个整体。当发现混合料结构组合及级配类型的设计不合理时应进行修改、调整，以确保沥青路面的使用性能。

(2) 沥青面层集料粒径的要求

沥青面层集料的最大粒径宜从上至下逐渐增大，并应与压实层厚度相匹配。对热拌热铺密级配沥青混合料，沥青层一层的压实厚度不宜小于集料公称最大粒径的2.5～3倍，对SMA和OGFC等嵌挤型混合料不宜小于公称最大粒径的2～2.5倍，以减少离析，便于压实。

2. 热拌沥青混合料面层施工工艺流程

热拌沥青混合料面层施工过程分为施工准备阶段、施工阶段和交工验收阶段三个阶段，其施工工艺流程如图4.1所示。

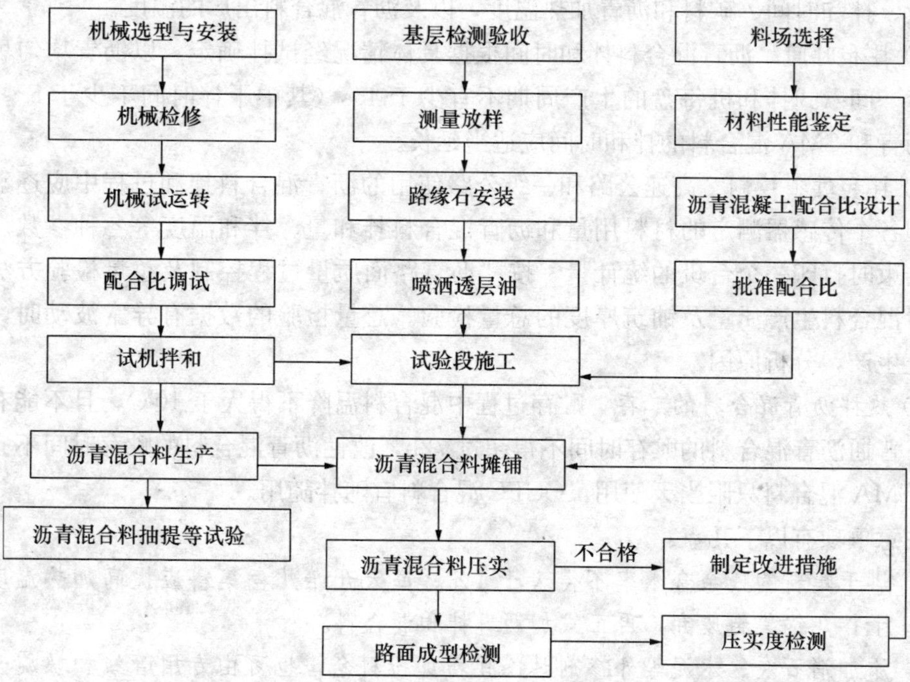

图4.1　沥青路面面层施工工艺流程

3. 施工准备

热拌沥青混合料结构层施工的准备工作包括制定施工方案、施工放样、混合料配合比设计、下承层准备、铺筑试验路段等，具体内容见本书单元1，此处不再赘述。

4. 沥青混合料的拌制

沥青路面的质量与沥青混合料的质量密切相关，而沥青混合料拌制的质量直接关系着沥青混合料的施工质量。因此，沥青混合料的拌制是沥青路面施工中非常重要的一个环节。

（1）沥青混合料拌制程序

沥青混合料拌制的工艺流程参见本书单元3。

（2）拌制混合料的工作要点

① 集料与沥青混合料取样应符合现行试验规程的要求　从沥青混合料运料车上取样时必须设置取样台分几处采集一定深度下的样品。

② 集料进场宜在料堆顶部平台卸料　经推土机推平后，铲运机从底部按顺序竖直装料，减小集料离析。

③ 试拌　通过试拌和抽样检验确定每盘热拌混合料的配合比及其总重、适宜的沥

青用量、拌和时间、矿料和沥青加热温度，以及沥青混合料出厂的温度。

④ 拌和时间　沥青混合料拌和时间根据具体情况经试拌确定，以沥青均匀裹覆集料为度。间歇式拌和机每盘的生产周期不宜少于45s（其中干拌时间不少于5～10s）。改性沥青和SMA混合料的拌和时间应适当延长。

⑤ 拌和过程控制　高速公路和一级公路使用的沥青混合料拌和过程中应逐盘采集并打印各个传感器测定的材料用量和沥青混合料拌和量、拌和温度等各种参数。每个台班结束时打印一个台班的统计量，按“沥青路面质量过程控制及总量检验方法”进行沥青混合料生产质量及铺筑厚度的总量检验。总量检验的数据有异常波动时，应立即停止生产，分析原因。

⑥ 热拌沥青混合料的贮存　贮存过程中混合料温降不得大于10℃，且不能有沥青滴漏。普通沥青混合料的贮存时间不得超过72h，改性沥青混合料的贮存时间不宜超过24h，SMA混合料只限当天使用，OGFC混合料宜随拌随用。

注意事项有以下几点：

- 烘干集料的残余含水率不得大于1%。每天开始几盘集料应提高加热温度，并干拌几锅集料废弃，再正式加沥青拌和混合料。
- 添加消石灰、水泥等外掺剂时，宜增加粉料仓，也可由专用管线和螺旋升送器直接加入拌和锅，若与矿粉混合使用时应注意二者因密度不同发生离析。
- 拌和机二级除尘装置中的粉尘，经一级除尘部分可直接回收使用，二级除尘部分可进入回收粉仓使用（或废弃）。对因除尘造成的粉料损失应补充等量的新矿粉。
- SMA在拌和过程中，特别要注意冷料仓的搭配和纤维投入的均匀性，防止粗集料、矿粉供应不足，而细集料又过剩的现象发生。

(3) 沥青混合料的出厂检验

沥青混合料出厂时应逐车检测沥青混合料的重量和温度，记录出厂时间，签发运料单。沥青混合料拌和厂（场、站）应按下列步骤对沥青混合料生产过程进行质量控制，并按表4.4规定的项目和频度检查沥青混合料产品的质量，如实计算产品的合格率。应注意以下几个方面的问题：

- 观察料堆和皮带输送机各种材料的质量和均匀性，检查泥块及超粒径碎石，检查冷料仓有无窜仓。目测混合料拌和是否均匀、有无花白料、油石比是否合适，检查集料和混合料的离析情况。
- 检查沥青混合料拌和厂（场、站）控制室各项设定参数、显示屏的示值，核对计算机采集和打印记录的数据与显示值是否一致。进行沥青混合料生产过程的在线监测、总量检验，对沥青混合料的生产质量实施动态管理。
- 检测沥青混合料的材料加热温度、混合料出厂温度，取样抽提、筛分检测混合料的矿料级配、油石比。抽提筛分应至少检查0.075mm、2.36mm、4.75mm、公称最大粒径及中间粒径 5 个筛孔的通过率。

- 取样成型沥青混合料试件进行马歇尔试验，测定空隙率、稳定度、流值，计算合格率。对 VMA、VFA 指标可只作记录。同时按规范确定标准密度。

注意：

沥青混合料的存放时间对体积指标有一定影响，施工质量检验的马歇尔试验以拌和厂取样后立即成型的试件为准，但成型温度和试件高度必须符合试验要求。

表 4.4　热拌沥青混合料的检查频度和质量要求

<table>
<tr><th colspan="2" rowspan="2">项　目</th><th rowspan="2">检查频度及单点检验评价方法</th><th colspan="2">质量要求或允许偏差</th><th rowspan="2">试验方法</th></tr>
<tr><th>高速、一级公路</th><th>其他等级公路</th></tr>
<tr><td colspan="2">混合料外观</td><td>随时</td><td colspan="2">观察集料粗细、均匀性、离析、油石比、色泽、冒烟、有无花白料、油团等各种现象</td><td>目测</td></tr>
<tr><td rowspan="3">拌和温度</td><td>沥青、集料的加热温度</td><td>逐盘检测评定</td><td colspan="2">符合规范规定</td><td>传感器自动检测、显示并打印</td></tr>
<tr><td rowspan="2">混合料出厂温度</td><td>逐车检测评定</td><td colspan="2">符合规范规定</td><td>传感器自动检测、显示并打印，出厂时逐车按 T 0981 人工检测</td></tr>
<tr><td>逐盘测量记录，每天取平均值评定</td><td colspan="2">符合规范规定</td><td>传感器自动检测、显示并打印</td></tr>
<tr><td rowspan="9">矿料级配（筛孔）</td><td>≤0.075mm</td><td rowspan="3">逐盘在线检测</td><td>±2%（2%）</td><td>—</td><td rowspan="3">计算机采集数据计算</td></tr>
<tr><td>≤2.36mm</td><td>±5%（4%）</td><td>—</td></tr>
<tr><td>≥4.75mm</td><td>±6%（5%）</td><td>—</td></tr>
<tr><td>≤0.075mm</td><td rowspan="3">逐盘检查，每天汇总 1 次取平均值评定</td><td>±1%</td><td>—</td><td rowspan="3">总量检验法</td></tr>
<tr><td>≤2.36mm</td><td>±2%</td><td>—</td></tr>
<tr><td>≥4.75mm</td><td>±2%</td><td>—</td></tr>
<tr><td>≤0.075mm</td><td rowspan="3">每台拌和机每天 1～2 次，以 2 个试样的平均值评定</td><td>±2%（2%）</td><td>±2%</td><td rowspan="3">T 0725 抽提筛分与标准级配比较的差</td></tr>
<tr><td>≤2.36mm</td><td>±5%（3%）</td><td>±6%</td></tr>
<tr><td>≥4.75mm</td><td>±6%（4%）</td><td>±7%</td></tr>
</table>

续表

项目	检查频度及单点检验评价方法	质量要求或允许偏差		试验方法
		高速、一级公路	其他等级公路	
沥青用量（油石比）	逐盘在线监测	±0.3%	—	计算机采集数据计算
	逐盘检查，每天汇总1次取平均值评定	±0.1%	—	总量检验法
	每台拌和机每天1～2次，以2个试样的平均值评定	±0.3%	±0.4%	抽提 T 0722、T 0721
马歇尔试验：空隙率、稳定度、流值	每台拌和机每天1～2次，以4～6个试件的平均值评定	符合规范规定		T 0702、T 0709 及配合比设计方法
浸水马歇尔试验	必要时（试件数同马歇尔试验）	符合规范规定		T 0702、T 0709
车辙试验	必要时（以3个试件的平均值评定）	符合规范规定		T 0719

注：1. 单点检验是指试验结果以一组试验结果的报告值为一个测点的评价依据，一组试验（如马歇尔试验、车辙试验）有多个试样时，报告值的取用按《公路工程沥青与沥青混合料试验规程》（JTJ 052—2000）的规定执行。

2. 对高速公路和一级公路，矿料级配和油石比必须进行总量检验和抽提筛分的双重检验控制，互相校核，表中括号内的数字是对SMA的要求。油石比抽提试验应事先进行空白试验标定，提高测试数据的准确度。

5. 沥青混合料的运输

(1) 沥青混合料运输车辆

厂（场、站）拌沥青混合料通常采用自卸汽车运往铺筑现场。所需要的运输车辆数量可按下式计算，即

$$n = a\frac{t_1 + t_2 + t_3}{T} \tag{4.1}$$

式中：n——所需的车辆数，辆；

t_1——运送沥青混合料到铺筑现场所需的时间，min；

t_2——由铺筑现场返回拌和厂所需的时间，min；

t_3——在工地卸料和其他等待的时间，min；

T——拌制一车沥青混合料所需的时间，min；

a——储备系数，视交通情况而定，一般取 $a=1.1\sim1.2$。

热拌沥青混合料宜采用较大吨位的运料车运输，但不得超载运输，或急刹车、急弯掉头，这样会使透层、封层造成损伤。运料车的运力应稍有富余，施工过程中摊铺机前方应有运料车等候。对高速公路、一级公路，宜待等候的运料车多于5辆后开始摊铺。

(2) 沥青混合料的运输管理

沥青混合料的运输管理包含以下内容。

- 运输车辆每次使用前后必须清扫干净，装料前在车厢板上涂一薄层防止沥青黏结的隔离剂或防黏剂（可以是柴油与水的混合液，比例为1∶3），但不能有余液积聚在车厢底部。
- 从拌和机向运料车放料时，运料汽车应前后移动进行分层装料，移动次数应尽可能多，并至少移动三次，以减少混合料的离析。
- 运料车运输混合料宜用苫布覆盖，起到保温、防雨、防污染的作用。
- 运料车进入摊铺现场时，轮胎上不得沾有泥土等可能污染路面的脏物，否则宜设水池洗净轮胎后进入工程现场。沥青混合料在摊铺地点凭运料单接收，若混合料不符合施工温度要求，或已经结成团块、已遭雨淋的不得铺筑。
- 连续摊铺过程中，运料车应在摊铺机前10～30cm处停住，空挡等候，由摊铺机推动前进开始缓缓卸料，避免撞击摊铺机。在有条件时，运料车可将混合料卸入转运车经二次拌和后向摊铺机连续均匀的供料。
- 运料车每次卸料必须倒净，尤其是对改性沥青或SMA混合料，如有剩余，应及时清除，防止硬结。
- SMA及OGFC混合料在运输、等候过程中，如发现有沥青结合料沿车厢板滴漏时，应采取措施易于避免。

6. 沥青混合料的摊铺

沥青混合料的摊铺可采用摊铺机摊铺或人工摊铺。除在路面狭窄部分、平曲线半径过小的匝道或加宽部分，以及小规模工程不能采用摊铺机铺筑时可采用人工摊铺外，热拌沥青混合料应采用机械摊铺。

(1) 人工摊铺技术要点

人工摊铺的技术要点如下：

- 将运料车运来的沥青混合料先卸到铁板上，随即用人工铲运，以扣铲方式均匀摊铺在路槽中，摊铺时不得扬铲远甩，以免造成粗细料分离。铁铲等工具宜沾防黏结剂或加热使用。
- 边摊铺边用刮板刮平。刮平时做到轻重一致，防止反复多刮使粗粒料刮出表面。
- 摊铺过程中要随时检查摊铺厚度、平整度和路拱。摊铺厚度为沥青路面设计厚度乘以压实系数，用人工摊铺时，沥青混凝土混合料的压实系数为1.25～1.50。

- 摊铺时不得中途停顿和加快碾压。
- 半幅施工时，路中一侧宜事先设置挡板。

(2) 摊铺机摊铺技术要点

沥青混合料摊铺机有履带式和轮胎式两种，二者的构造和技术性能大致相同。在喷洒有黏层油的路面上铺筑改性沥青混合料或SMA时，宜使用履带式摊铺机。摊铺机的受料斗应涂刷薄层隔离剂或防黏剂。

沥青混合料摊铺机摊铺的过程是自动倾卸汽车将沥青混合料卸到摊铺机料斗后，经链式传送器将混合料往后传到螺旋摊铺器，随后摊铺机向前行驶，螺旋摊铺器即在摊铺带宽度上均匀地摊铺混合料，随后由振捣板捣实，并由熨平板整平。摊铺机摊铺作业包括施工放样、摊铺机各种参数的调整与选择、摊铺机作业等主要内容。摊铺机摊铺的技术要点如下：

① 铺筑宽度　铺筑高速公路、一级公路沥青混合料时，一台摊铺机的铺筑宽度不宜超过6m（双车道）～7.5m（3车道以上），通常宜采用两台或更多台数的摊铺机前后错开10～20m成梯队方式同步摊铺，两幅之间应有30～60mm左右宽度的搭接，并躲开车道轮迹带，上下层的搭接位置宜错开200mm以上。

② 熨平板　摊铺机开工前应提前0.5～1h预热熨平板至不低于100℃。铺筑过程中应选择熨平板的振捣或夯锤压实装置具有适宜的振动频率和振幅，以提高路面的初始压实度。熨平板加宽连接应仔细调节至摊铺的混合料没有明显的离析痕迹。

③ 摊铺机的速度　摊铺机必须缓慢、均匀、连续不间断地摊铺，不得随意变换速度或中途停顿，以提高平整度，减少混合料的离析。摊铺速度应根据拌和机的产量、施工机械配套情况及摊铺厚度、摊铺宽度按下式求得，一般宜控制在2～6m/min的范围内。对改性沥青混合料及SMA混合料宜放慢至1～3m/min。当发现混合料出现明显的离析、波浪、裂缝、拖痕时，应分析原因，予以消除。

$$V=\frac{100Q}{60bh\gamma} \tag{4.2}$$

式中：V——摊铺机摊铺速度，m/min；

Q——沥青混合料供给能力，t/h；

h——压实后的摊铺厚度，cm；

b——摊铺宽度，m；

γ——沥青混合料压实后的密度（一般取2.35t/m^3）。

④ 摊铺机的找平方式　摊铺机应采用自动找平方式，下面层或基层宜采用钢丝绳引导的高程控制方式，上面层宜采用平衡梁或雪橇式摊铺厚度控制方式，中面层根据情况选用找平方式。直接接触式平衡梁的轮子不得粘附沥青。铺筑改性沥青或SMA路面时宜采用非接触式平衡梁。

⑤ 施工温度　沥青路面施工的最低气温应符合现行施工技术规范的要求，寒冷季

节遇大风降温，不能保证迅速压实时不得铺筑沥青混合料。

⑥ 松铺系数的确定　沥青混合料的松铺系数应根据混合料类型由试铺试压确定。摊铺过程中应随时检查摊铺层厚度及路拱、横坡，并利用一个评定周期的沥青混合料总生产量、施工总面积、沥青混合料密度按下式校验该摊铺层的平均压实厚度。

$$H=\frac{\sum m_i}{Ad}\times 1000 \tag{4.3}$$

式中：H——该评定周期沥青路面摊铺层的平均施工压实厚度，mm；

m_i——每一盘沥青混合料的质量，角标 i 为依次记录的盘次，$\sum m_i$ 为一个评定周期内沥青混合料的总生产量，t；

A——该评定周期沥青路面摊铺层的总面积，当遇有加宽等情况时，铺筑面积应按实际计算，m^2；

d——评定周期内摊铺层的现场压实密度的平均值，由钻孔试件的干燥密度（即实验室标准密度乘以压实度）测定得到，t/m^3。

⑦ 摊铺机的螺旋布料器　摊铺机的螺旋布料器应相应于摊铺速度调整到保持一个稳定的速度均衡地转动，两侧应保持有不少于送料器2/3高度的混合料，以减少在摊铺过程中混合料的离析。

⑧ 人工修整　用机械摊铺的混合料，不宜用人工反复修整。当不得不由人工作局部找补或更换混合料时，需仔细进行，特别严重的缺陷应整层铲除。

⑨ 雨期施工　在雨期铺筑沥青路面时，应加强与气象台（站）联系，已摊铺的沥青层因遇雨未进行压实的应予铲除。

7. 沥青混合料的压实及成型

压实是沥青路面施工的最后一道工序，良好的路面质量最终要通过碾压来体现。压实工作的主要内容包括碾压机械的选型与组合、压实层厚、压实温度、速度、遍数、压实方式的确定。

（1）碾压机械的选型与组合

目前，常用的压路机有静载作用光面钢轮压路机、轮胎压路机和振动压路机。应综合考虑摊铺机的生产率、混合料特性、摊铺厚度、施工现场的具体条件等因素，结合实际工程，选择压路机种类、大小和数量。高速公路铺筑双车道沥青路面的压路机数量不宜少于5台。施工气温低、风大、碾压层薄时，压路机数量应适当增加。

（2）压实层厚度控制

沥青混凝土的压实层最大厚度不宜大于100mm，沥青稳定碎石混合料的压实层厚度不宜大于120mm，但当采用大功率压路机且经试验证明能达到压实度时允许增大到150mm。

(3) 压实温度控制

沥青混合料的碾压温度应符合《公路沥青路面施工技术规范》(JTG F40－2004)的要求，并根据混合料种类、压路机、气温、层厚等情况经试压确定。在不产生严重推移和裂缝的前提下，初压、复压、终压都应在尽可能高的温度下进行。同时不得在低温状况下作反复碾压，使石料棱角磨损、压碎，破坏集料嵌挤。

(4) 选择合理的碾压速度

合理的碾压速度，对减少碾压时间，提高作业效率有十分重要的意义。在施工中压路机应以慢速而均匀的速度碾压。压路机的碾压速度应符合表 4.5 的规定。

表 4.5 压路机碾压速度(单位：km/h)

压路机类型	初压		复压		终压	
	适宜	最大	适宜	最大	适宜	最大
钢筒式压路机	2～3	4	3～5	6	3～6	6
轮胎压路机	2～3	4	3～5	6	4～6	8
振动压路机	2～3 (静压或振动)	3 (静压或振动)	3～4.5 (振动)	5 (振动)	3～6 (静压)	6 (静压)

(5) 压实作业的要求

热拌沥青混合料的压实程序分为初压、复压、终压三道工序。

① *初压* 初压的目的是整平和稳定沥青混合料，同时为复压创造有利条件，因此要注意压实的平整性。初压应紧跟在摊铺机后碾压，并保持较短的初压区长度，以尽快使表面压实，减少热量散失。通常采用双轮 6～15t 钢筒式压路机(振动压路机关闭振动)静压 1～2 遍。碾压时应将压路机的驱动轮面向摊铺机，从外侧向中心碾压，在超高路段则由低向高碾压，在坡道上应将驱动轮从低处向高处碾压。相邻碾压带应重叠 1/3～1/2 轮宽，压完全幅为一遍。初压折返路线宜采用曲线方式，且减速进行。初压后应检查平整度、路拱，有严重缺陷时进行修整乃至返工。

② *复压* 复压的目的是使沥青混合料密实、稳定、成型，混合料的密实程度取决于这道碾压工序，因此必须与初压紧密衔接，且不得随意停顿。压路机碾压段的总长度应尽量缩短，通常不超过 60～80m。采用不同型号的压路机组合碾压时宜安排每一台压路机做全幅碾压，防止不同部位的压实度不均匀。

密级配沥青混凝土的复压优先采用重型的轮胎压路机进行搓揉碾压，以增加密水性，其总质量不宜小于 25t，每一个轮胎的压力不小于 15kN。相临碾压带应重叠 1/3～1/2 碾压轮宽度，压完全幅为一遍。总的碾压遍数由试压确定，且不宜少于 4～6 遍。碾压至要求的压实度，且无显著轮迹为止。对粗集料为主的较大粒径的混合料，尤其是大粒径沥青稳定碎石基层，优先采用振动压路机复压。厚度小于 30mm 的薄沥青层不宜采用振动压路机碾压。振动压路机的振动频率宜为 35～50Hz，振幅宜为 0.3～

0.8mm。层厚较大时选用较小频率和较大振幅，以产生较大的激振力；层厚较薄时选用高频率和低振幅，以防止集料破碎。相邻碾压带重叠宽度为100～200mm。振动压路机折返时应先停止振动。当采用三轮钢筒式压路机时，总质量不宜小于12t，相邻碾压带宜重叠后轮的1/2宽度，并不应少于200mm。

对路面边缘、加宽及港湾式停车带等大型压路机难于碾压的部位，宜采用小型振动压路机或振动夯板作补充碾压。

③ 终压　终压的目的是消除轮迹，最后形成平整的压实面，因此该道工序不宜采用重型压路机在高温下完成。终压应紧接在复压后进行，终压可选用双轮钢筒式压路机或关闭振动的振动压路机碾压1～2遍，至无明显轮迹为止。如经复压后已无明显轮迹时可免去终压。

(6) SMA路面的压实作业要求

除沥青用量较低，经试验证明采用轮胎压路机碾压有良好效果外，不宜采用轮胎压路机碾压，以防将沥青结合料搓揉挤压上浮。

SMA路面宜采用振动压路机或钢筒式压路机碾压。振动压路机应遵循“紧跟、慢压、高频、低幅”的原则，即紧跟在摊铺机后面，采取高频率、低振幅的方式慢速碾压。一般初压用10t钢筒式压路机紧跟摊铺机后碾压1～2遍，复压再静碾3～4遍或振动碾压2～3遍，最后用较宽的钢筒式压路机终压一遍即可，切忌过碾。如发现SMA混合料高温碾压有推拥现象，应复查其级配是否合适。

(7) 压实注意事项

碾压轮在碾压过程中应保持清洁，有沥青混合料粘轮时应立即清除。对钢轮可涂刷隔离剂或防黏结剂，但严禁刷柴油。当采用向碾压轮喷水（可添加少量表面活性剂）的方式时，必须严格控制喷水量且成雾状，不得漫流，以防混合料降温过快。轮胎压路机开始碾压阶段，可适当烘烤、涂刷少量隔离剂或防黏结剂，也可少量喷水，并先到高温区碾压使轮胎尽快升温，之后停止洒水。轮胎压路机轮胎外围宜加设围裙保温。

在碾压过程中，压路机每次应由两端折回的位置阶梯形的随摊铺机向前推进，使折回处不在同一横断面上。压路机不得在未碾压成型路段上转向、调头、加水或停留。在当天成型的路面上，不得停放各种机械设备或车辆，不得散落矿料、油料等杂物。

(8) 接缝处理

沥青路面的各种施工缝（包括纵缝、横缝、新旧路面的接缝等）处，往往由于压实不足，容易产生台阶、裂缝、松散等病害，影响路面的平整度和耐久性，施工时必须十分注意。

沥青路面的施工必须接缝紧密、连接平顺，不得产生明显的接缝离析。上、下层的纵缝应错开150mm（热接缝）或300～400mm（冷接缝）以上。相邻两幅及上、下层的横向接缝均应错开1m以上。

① 纵向接缝施工要求　其注意点有：

- 摊铺时采用梯队作业的纵缝属于热接缝，其压实方法是：先摊铺部分留下100～200mm宽暂不碾压，作为后续摊铺部分的基准面，待后续摊铺部分碾压时采用跨缝碾压以消除缝迹。
- 当半幅施工或因特殊原因而产生纵向冷接缝时，宜采用加设挡板或加设切刀切齐，也可在沥青混合料尚未冷却前用镐刨除边缘留下毛茬的方式，但不宜在冷却后采用切割机做纵向切缝。加铺另半幅前应在接缝处涂刷少量沥青，摊铺时重叠在已铺层上50～100mm，再铲走铺在前半幅上面的混合料。

冷接缝有两种碾压方法：第一种方法是压路机位于热混合料上，由边向中进行碾压，接缝处留下100～150mm，再做跨缝挤紧压实。第二种方法是在碾压开始时，压路机在已压实路面上行走，碾压新铺热混合料150mm左右，然后碾压新铺部分。

② 横向接缝施工要求　其施工要求如下：

- 横向接缝的形式有斜接缝、阶梯形接缝和平接缝，如图4.2所示。
- 横向接缝宜采用垂直的平接缝。高速公路和一级公路的表面层横向接缝应采用垂直的平接缝，以下各层和其他等级公路的各层均可采用自然碾压的斜接缝。沥青层较厚时也可采用阶梯形接缝。

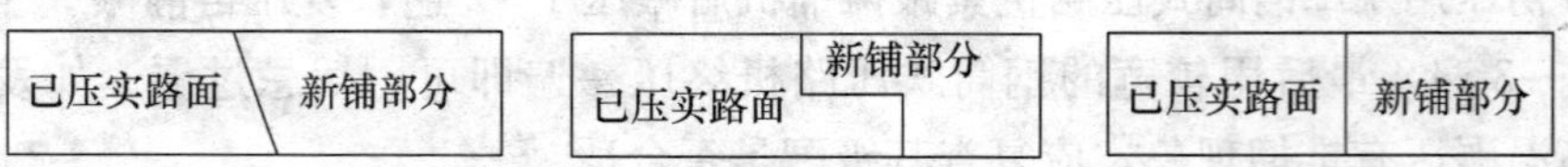

(a) 斜接缝　(b) 阶梯形接缝　(c) 平接缝

图4.2　横向接缝的型式

- 斜接缝的搭接长度与层厚有关，宜为0.4～0.8m。搭接处应洒少量沥青，混合料中的粗集料颗粒应予剔除，并补上细料，搭接平整，充分压实。阶梯形接缝的台阶经铣刨而成，并洒黏层沥青，搭接长度不宜小于3m。
- 平接缝应在沥青混合料尚未冷透时用凿岩机或人工垂直刨除端部层厚不足的部分，使工作缝成直角连接。当采用切割机制作平接缝时，宜在铺设当天混合料冷却但尚未结硬时进行。刨除或切割不得损伤下层路面。切割时留下的泥水必须冲洗干净，待干燥后涂刷黏层油。铺筑新混合料前应加热接茬使其软化，碾压开始时先用钢筒压路机进行横向碾压，可将压路机位于已压实的混合料层上，跨缝伸入新铺层宽150mm碾压，每压一遍向新铺混合料移动150～200mm，直至全部在新铺路面上为止。然后改为纵向碾压，此时应注意不要在横接缝上垂直碾压，以免引起新旧层错台。

(9) 开放交通

热拌沥青混合料路面应待摊铺层完全自然冷却，混合料表面温度低于50℃后，方可开放交通。需要提早开放交通时，可洒水冷却降低混合料温度。

4.1.3　热拌沥青混合料路面施工质量控制

1. 沥青混合料路面铺筑过程中的质量控制标准

热拌沥青混合料路面在铺筑过程中必须随时对铺筑质量进行检查，质量检查的内容、频度、允许偏差应符合表4.6的规定。

表4.6　热拌沥青混合料路面施工过程中工程质量的控制标准

项目		检查频度及单点检验评价方法	质量要求或允许偏差		试验方法
			高速、一级公路	其他等级公路	
外观		随时	表面平整密实，不得有明显轮迹、裂缝、推挤、油丁、油包等缺陷，且无明显离析		目测
接缝		随时	紧密平整、顺直、无跳车		目测
		逐条缝检测评定	3mm	5mm	T 0931
施工温度	摊铺温度	逐车检测评定	符合规范规定		T 0981
	碾压温度	随时	符合规范规定		插入式温度计实测
厚度①	每一层次	随时，厚度50mm以下 厚度50mm以上	设计值的5% 设计值的8%	设计值的8% 设计值的10%	施工时插入法量测松铺厚度及压实厚度
	每一层次	1个台班区段的平均值 厚度50mm以下 厚度50mm以上	−3mm −5mm	—	总量检验法
	总厚度	每2000m² 一点单点评定	设计值的−5%	设计值的−8%	T 0912
	上面层	每2000m² 一点单点评定	设计值的−10%	设计值的−10%	
压实度②		每2000m² 检查1组逐个试件评定并计算平均值	实验室标准密度的97%（98%） 最大理论密度的93%（94%） 试验段密度的99%（99%）		T 0924、T 0922及《公路沥青路面施工技术规范》（JTG F40—2004）附录E
平整度④（最大间隙）	上面层	随时，接缝处单杆评定	3mm	5mm	T 0931
	中下面层	随时，接缝处单杆评定	5mm	7mm	T 0931
平整度（标准差）	上面层	连续测定	1.2mm	2.5mm	T 0932
	中面层	连续测定	1.5mm	2.8mm	
	下面层	连续测定	1.8mm	3.0mm	
	基层	连续测定	2.4mm	3.5mm	
宽度	有侧石	检测每个断面	±20mm	±20mm	T 0911
	无侧石	检测每个断面	不小于设计宽度	不小于设计宽度	
纵断面高程		检测每个断面	±10mm	±15mm	T 0911

续表

项　　目	检查频度及单点检验评价方法	质量要求或允许偏差		试验方法
		高速、一级公路	其他等级公路	
横坡度	检测每个断面	±0.3%	±0.5%	T 0911
沥青面层层面上的渗水系数③，不大于	每 1km 不少于 5 点，每点 3 处取平均值	300mL/min（普通密级配沥青混合料） 200mL/min（SMA 混合料）		T 0971

注：① 表中厚度检测频度指高速公路和一级公路的钻坑频度，其他等级公路可酌情减少状况，且通常采用压实度钻孔试件测定。上面层的允许误差不适用于磨耗层。

② 压实度检测括号中的数值是对 SMA 路面的要求，对马歇尔成型试件采用 50 次或者 35 次击实的混合料，压实度应适当提高要求。

③ 渗水系数适用于公称最大粒径等于或小于 19mm 的沥青混合料，应在铺筑成型后未遭行车污染的情况下测定，且仅适用于要求密水的密级配沥青混合料、SMA 混合料，不适用于 OGFC 混合料，表中渗水系数以平均值评定，计算的合格率不得小于 90%。

④ 3m 直尺主要用于接缝检测，对正常生产路段，采用连续式平整度仪测定。

2. 现场铺筑质量具体指标的控制方法

(1) 施工厚度的控制

沥青面层的厚度是沥青路面结构强度的基本保证，因此，沥青面层施工厚度的检测显得尤为重要。施工过程中厚度的检测应按以下方法进行，检测结果应相互校核，当差值较大时通常以总量检验为准。

- 利用摊铺过程在线控制，即不断地用插尺或其他工具插入摊铺层测量松铺厚度。
- 利用拌和厂沥青混合料总生产量与实际铺筑的面积计算平均厚度进行总量检验。
- 当具有地质雷达等无破损检验设备时，可利用其连续检测路面厚度，但其测试精度需经标定认可。
- 待路面完全冷却后，在钻孔检测压实度的同时测量沥青层的厚度。

(2) 压实度的控制

沥青面层的压实度是指按施工规范规定的方法测定的混合料试样毛体积密度与标准密度之比值，以百分率表示。沥青混合料面层的压实度应采取重点对碾压工艺进行过程控制，适度钻孔抽检压实度的方法。

① 碾压工艺的控制　碾压工艺的控制包括压路机的配置（台数、吨位及机型）、排列碾压方式、压路机与摊铺机的距离、碾压温度、碾压速度、压路机洒水（雾化）情况、碾压段长度、掉头方式等。

② 压实度过程控制　碾压过程中宜采用核子密度仪等无破损检测设备进行压实密度过程控制，测点随机选择，一组不少于 13 点，取平均值，与标定值或试验路段测定值比较评定。测定温度应与试验路段测定时一致，检测精度通过试验路段与钻孔试件标定。

③ 钻孔取样　在路面完全冷却后，随机选点钻孔取样，如一次钻孔同时有多层沥青层时需用切割机切割，待试件充分干燥后（在第二天之后），分别测定密度。钻孔后应及时将孔中灰浆淘净，吸净余水，待干燥后以相同的沥青混合料分层填充夯实。为减少钻孔数量，有关施工、监理、监督各方宜合作进行钻孔检测，以避免重复钻孔。

④ 压实度的测试　测试压实度的一组数据最少为 3 个钻孔试件，当一组检测的合格率小于 60%，或平均值 $\bar{x}_3$ 小于要求的压实度时，可增加一倍检测点数。如 6 个测点的合格率小于 60%，或平均值 $\bar{x}_6$ 仍然达不到压实度要求时，允许再增加一倍检测点数，要求其合格率大于 60%，且 $\bar{x}_{12}$ 达到规定的压实度要求（注意记录所有数据不得遗弃）。如仍然不能满足要求的应核查标准密度的准确性，以确定是否需要返工以及返工的范围。

当所有钻孔试件检测的压实度持续稳定并符合要求时，钻孔频度可减少至每公里不少于一个孔。施工过程中钻孔的试件宜编号贴上标签予以保存，以备工程交工验收时使用。

（3）渗水情况检测

大气降水（雨、雪）通过路面孔隙或裂缝渗入沥青路面结构中，会导致基层软化、沥青面层开裂、松散等病害。在多雨地区，应特别重视路面结构层的水稳定性和面层的透水性问题。路面渗水系数是指在规定的条件下，单位时间内渗入路面结构中水的体积，用 C_W 表示，单位为 mL/min。

压实成型的沥青路面应按随机选点检测渗水情况，渗水系数的平均值宜符合表 4.6 的要求。如需要测定构造深度时，宜在测定渗水的同时在附近选点测定，记录实测结果。

（4）平整度控制

沥青面层的平整度关系到沥青路面的使用性能，施工过程中必须随时用 3m 直尺对接缝及与构造物的连接处进行平整度的检测，正常路段的平整度采用连续式平整度仪或颠簸累积仪测定。

（5）外观检查

施工过程中应随时对沥青路面进行外观评定，尤其特别注意防止粗细集料的离析和沥青混合料温度不均匀，造成路面局部渗水严重或压实不足，酿成隐患。外观检查的主要项目包括色泽、油膜厚度、表面空隙等。

（6）施工动态质量管理

高速公路和一级公路沥青路面的施工过程中，应利用计算机实行动态质量管理，计算平均值、极差、标准差及变异系数以及各项指标的合格率。施工的关键工序或重要部位宜拍摄照片或进行录像，作为实态记录及保存资料的一部分。

3. 沥青混合料路面交工验收阶段质量检验

沥青混合料路面工程完工后，施工单位、工程监理单位和建设单位应按相同的工程项目划分进行工程质量的监控和管理。

施工单位应将全线以1～3km作为一个评定路段，每一侧车行道按规定频度随机选取测点；对沥青面层进行全线自检，将单个测定值与规定的质量要求或允许偏差进行比较，计算合格率；然后计算一个评定路段的平均值、极差、标准差及变异系数。施工单位应在规定时间内提交全线检测结果及施工总结报告，申请交工验收。

《公路沥青路面施工技术规范》(JTG F40—2004）与《公路工程质量检验评定标准》(JTG F80/1—2004）规定了热拌沥青混合料路面交工验收阶段的基本要求和检查项目、检查频度、质量要求或允许偏差等内容。

(1) 基本要求

沥青混合料路面交工验收阶段质量检验的基本要求如下：

- 沥青混合料的矿料质量及矿料级配应符合设计要求和施工规范的规定。
- 严格控制各种矿料和沥青用量，严格控制各种材料和沥青混合料的加热温度，沥青材料及混合料的各项指标应符合设计和施工规范要求。沥青混合料的生产，每日应做抽提试验和马歇尔稳定度试验。矿料级配、沥青含量、马歇尔稳定度等结果的合格率应不小于90%。
- 拌和后的沥青混合料应均匀一致，无花白，无粗细料分离和结团成块现象。
- 基层必须碾压密实，表面干燥、清洁、无浮土，其平整度和路拱度应符合要求。
- 摊铺时应严格控制摊铺厚度和平整度，避免离析，注意控制摊铺和碾压温度，碾压至要求的密实度。

(2) 质量检验评定标准

热拌沥青混合料路面交工验收阶段的检查项目、检查频度、质量要求或允许偏差等见表4.7。

表4.7　公路热拌沥青混合料路面交工检查与验收质量标准

检查项目		检查频度（每一侧车行道）	质量要求或允许偏差		试验方法
			高速公路、一级公路	其他等级公路	
外观		随时	表面平整密实，不得有明显轮迹、裂缝、推挤、油丁、油包等缺陷，且无明显离析		目测
面层总厚度①	代表值	每1km　5点	设计值的−5%	设计值的−8%	T 0912
	极值	每1km　5点	设计值的−10%	设计值的−15%	T 0912
上面层厚度①	代表值	每1km　5点	设计值的−10%	—	T 0912
	极值	每1km　5点	设计值的−20%	—	T 0912
压实度	代表值	每1km　5点	实验室标准密度的96%（98%） 最大理论密度的92%（94%） 试验段密度的98%（99%）		T 0924
	极值（最小值）	每1km　5点	比代表值放宽1%（每km）或2%（全部）		T 0924

续表

检查项目		检查频度（每一侧车行道）	质量要求或允许偏差		试验方法
			高速公路、一级公路	其他等级公路	
路表平整度	标准差σ	全线连续	1.2mm	2.5mm	T 0932
	IRI	全线连续	2.0m/km	4.2m/km	T 0933
	最大间隙	每1km 10处，各连续10杆	—	5mm	T 0931
路表渗水系数不大于		每1km不少于5点，每点3处取平均值评定	300mL/min（普通沥青路面） 200mL/min（SMA路面）	—	T 0971
宽度	有侧石	每1km　20个断面	±20mm	±30mm	T 0911
	无侧石	每1km　20个断面	不小于设计宽度	不小于设计宽度	T 0911
纵断面高程		每1km　20个断面	±15mm	±20mm	T 0911
中线偏位		每1km　20个断面	±20mm	±30mm	T 0911
横坡度		每1km　20个断面	±0.3%	±0.5%	T 0911
弯沉	回弹弯沉	全线每20m　1点	符合设计对交工验收的要求	符合设计对交工验收的要求	T 0951
	总弯沉	全线每5m　1点	符合设计对交工验收的要求	—	T 0952
构造深度		每1km　5点	符合设计对交工验收的要求	—	T 0961/62/63
摩擦系数摆值		每1km　5点	符合设计对交工验收的要求	—	T 0964
横向力系数		全线连续	符合设计对交工验收的要求	—	T 0965

① 高速公路、一级公路面层除验收总厚度外，尚需验收上面层厚度。

(3) 外观鉴定

外观鉴定应满足以下3点要求。

- 表面应平整密实，不应有泛油、松散、裂缝和明显离析等现象。对于高速公路和一级公路，有上述缺陷的面积（凡属单条的裂缝，则按其实际长度乘以0.2m宽度折算成面积）之和不得超过受检面积的0.03%，其他公路不得超过0.05%。不符合要求时每超过0.03%或0.05%减2分。半刚性基层的反射裂缝可不计作施工缺陷，但应及时进行灌缝处理。
- 搭接处应紧密、平顺，熨缝不应枯焦。不符合要求时，累计每10m长减1分。
- 面层与路缘石及其他构筑物应密贴接顺，不得有积水或漏水现象。不符合要求时，每一处减1～2分。

沥青混凝土（沥青碎石）面层施工质量检验与评定表见表4.8。

表 4.8　沥青混凝土层(沥青碎石)面层施工质量检验与评定表

分项工程名称：　　　　　　　　分部工程名称：　　　　　　　　施工单位：
所属建设项目：　　　　　　　　工程部位:K　＋　～K　＋　段　　　　监理单位：

<table>
<tr><th>项次</th><th colspan="2">检查项目</th><th>规定值或允许偏差</th><th>检查方法和频率</th><th>设计值</th><th>实测值或偏差值</th><th>平均值
代表值</th><th>合格率/%</th><th>权值</th><th>实得分</th></tr>
<tr><td>1△</td><td colspan="2">压实度/%</td><td></td><td>按有关规定方法检查，每200m测1处</td><td></td><td></td><td></td><td></td><td>3</td><td></td></tr>
<tr><td rowspan="3">2</td><td rowspan="3">平整度</td><td>σ/mm</td><td></td><td rowspan="2">平整度仪:全线每车道连续按每100m计算IRI或σ</td><td rowspan="3"></td><td rowspan="3"></td><td rowspan="3"></td><td rowspan="3"></td><td rowspan="3">2</td><td rowspan="3"></td></tr>
<tr><td>IRI/(m/km)</td><td></td></tr>
<tr><td>最大间隙h/mm</td><td></td><td>3m直尺:每200m测2处×10尺</td></tr>
<tr><td>3</td><td colspan="2">弯沉值(0.01mm)</td><td>符合设计要求</td><td>按评定标准规定方法检查</td><td></td><td></td><td></td><td></td><td>2</td><td></td></tr>
<tr><td>4</td><td colspan="2">渗水系数</td><td></td><td>渗水试验仪:每200m测1处</td><td></td><td></td><td></td><td></td><td>2</td><td></td></tr>
<tr><td rowspan="2">5</td><td rowspan="2">抗滑</td><td>摩擦系数</td><td></td><td>摆式仪:每200m测1处;摩擦系数测定车:全线连续</td><td rowspan="2"></td><td rowspan="2"></td><td rowspan="2"></td><td rowspan="2"></td><td rowspan="2">2</td><td rowspan="2"></td></tr>
<tr><td>构造深度</td><td></td><td>铺砂法:每200m测1处</td></tr>
<tr><td rowspan="2">6△</td><td rowspan="2">厚度/mm</td><td>代表值</td><td></td><td rowspan="2">按评定标准规定方法检查，双车道每200m每车道1处</td><td rowspan="2"></td><td rowspan="2"></td><td rowspan="2"></td><td rowspan="2"></td><td rowspan="2">3</td><td rowspan="2"></td></tr>
<tr><td>合格值</td><td></td></tr>
<tr><td>7</td><td colspan="2">中线平面偏位/mm</td><td></td><td>经纬仪:每200m测4点</td><td></td><td></td><td></td><td></td><td>1</td><td></td></tr>
<tr><td>8</td><td colspan="2">纵断高程/mm</td><td></td><td>水准仪:每200m测4断面</td><td></td><td></td><td></td><td></td><td>1</td><td></td></tr>
<tr><td>9</td><td colspan="2">宽度/mm</td><td></td><td>尺量:每200m测4断面</td><td></td><td></td><td></td><td></td><td>1</td><td></td></tr>
<tr><td>10</td><td colspan="2">横坡/%</td><td></td><td>水准仪:每200m测4处</td><td></td><td></td><td></td><td></td><td>1</td><td></td></tr>
<tr><td>11</td><td colspan="2">小计</td><td colspan="6"></td><td>16</td><td></td></tr>
<tr><td rowspan="3">12</td><td colspan="2" rowspan="3">外观质量</td><td colspan="2">表面应平整密实,不应有泛油、松散、裂缝和明显离析等现象</td><td colspan="4">上述缺陷的面积不符合要求时每超过0.03%或0.05%减2分</td><td colspan="2" rowspan="3"></td></tr>
<tr><td colspan="2">搭接处应紧密、平顺,熨缝不应枯焦</td><td colspan="4">不符合要求时,累计每10m长减1分</td></tr>
<tr><td colspan="2">面层与路缘石及其他构筑物应密贴接顺,不得有积水或漏水现象</td><td colspan="4">不符合要求时,每一处减1～2分</td></tr>
<tr><td>13</td><td colspan="2">质量保证资料</td><td colspan="2">自检资料齐全、数据准确、报表应整洁美观</td><td colspan="4">按《公路工程质量检验评定标准》(JTG F80/1—2004)3.2.4条逐款检查,不符合要求时,每款减1～3分</td><td colspan="2"></td></tr>
<tr><td>14</td><td colspan="2">等级评定</td><td colspan="2">得分：</td><td colspan="3">评定等级</td><td colspan="3"></td></tr>
</table>

监理工程师：　　　　检测：　　　　记录：　　　　承包商：　　　　年　月　日

4. 沥青混合料路面施工中的异常现象

（1）沥青混合料拌和中的异常现象及解决办法

① 拌和的第一盘沥青混合料易出现废料 主要原因是拌和设备刚开始启动，集料和沥青预加热没有达到规定的温度。解决措施是适当减少进入烘干筒的材料数量和提高开始时火焰温度，保证在开机时粗、细集料和沥青的加热温度略高于规定值。

② 热仓料出现超尺寸颗粒 主要原因可能是最大筛孔的振动筛破损或振动筛上超尺寸颗粒从边框空隙落到下层筛网。有时也极易造成“油包”等现象。解决措施是检查振动筛，调整冷料仓上料速度。

③ 出现花白料 主要原因可能是料温偏低、拌和时间偏短或吸尘不理想，无形中造成填充料的量偏多。解决的办法是根据检查确定的原因或升高集料加热温度，或增加拌和时间，或减少矿粉用量。

④ 枯料 原因可能是原材料中细集料的含水率偏大，造成在烘干筒中细集料加热温度达到规定值，而粗集料的温度大大超过了规定值。避免料场中细集料受雨淋，对于含水率大于7%的细集料不允许使用。

⑤ 没有色泽 主要原因是沥青加热温度过高，一般的石油沥青当温度超过180℃时，沥青极易老化。解决措施是控制沥青的加热温度到施工规定的温度界限内。

⑥ 矿料颗粒形成明显变化 引起的原因可能是冷料颗粒组成发生了大变化或振动筛网上热料过多，来不及正常筛分就进入热料仓，最终导致热料仓中集料颗粒组成发生了大的变化。检查原因或采取相应的措施，或经试验重新确定混合料配合比。

（2）沥青混合料运输、摊铺和压实中的异常现象

① 混合料离析现象 沥青混合料的离析一般分为集料离析和温度离析两种，这是造成沥青混合料不均匀性的一个主要原因。

离析现象（主要是粗集料或细集料分别过于集中）从路面的表面看有片状的也有条状的。如果表面粗集料过分集中，致使其周围细集料不够，混合料的空隙率增大，雨水很容易渗入，表面层上的粗集料集中处在快速行车荷载作用下容易遭到破坏。如细集料过分集中，粗集料减少，将使混合料的高温稳定性不足，易产生车辙或抗滑能力下降等。因此，需十分重视并消除离析现象，尤其是表面层离析现象。

产生离析的原因较多，概括起来主要有混合料的级配、拌和机械施工情况、装料和运输途中情况、摊铺碾压情况等因素，每一个施工环节都可能造成离析，这也可能是路面材料以粒状类为主的一个施工共性。沥青混合料中矿料的粒径越大，越容易产生离析现象。沥青混合料向自卸车车厢内装载时，混合料下落的高度越大，大碎石越容易流到料堆的四周下部。如混合料下落到车厢的固定位置，料堆越高，其四周的大碎石越多。在摊铺机受料斗中，通常两侧大碎石较多。卸料车开离摊铺机后，如摊铺机受料斗两块侧板竖起较晚，则侧板上大碎石较多的混合料将集中在已很少混合料的

送料链板上，如下一车料又不能及时向受料器喂料，链板将把大碎石较多的混合料输送到分料室。上述种种现象都是产生片状离析现象的主要原因。条带状离析现象有时只有一种原因，有时可能是2～3种因素并发。例如，产生条带状离析现象的原因主要是在摊铺机的螺旋分料器和熨平板安装的不协调或有了小问题，或与螺旋分料器的固定杆有关。

摊铺机摊铺后出现离析现象时，可适当地采用人工补撒的方法予以补救。

② *摊铺后沥青层表面异常现象*　在摊铺层表面有时可看到个别超尺寸颗粒被熨平板带动形成的或长或短的小沟。在摊铺层表面有少数超尺寸颗粒因被熨平板带动而在其后面形成小坑洞。出现这类问题时，可采用人工及时补撒适量的细集料予以消除。

消除这类缺陷的根本办法是分析拌和场超尺寸颗粒进入混合料的原因，可能是热料二次筛分用的最大筛孔尺寸偏大，也可能是最大筛孔尺寸的筛网有破洞或其周边有较大缝隙所致。

摊铺机后面局部有时一片或一条较宽的带内沥青混合料中的大碎石被击碎。其原因可能是下层的平整度不好，一片或一条较宽的带下承层高程超出容许误差过多，致使该处摊铺层过薄以及混合料中矿料的粒径过大。可将较大粒径碎石被击碎的混合料铲除，人工用合适的沥青混合料补平和整平。

小　结

通过本项目的学习，要求掌握热拌沥青混合料路面及其应用情况，熟练掌握热拌沥青混合料面层的施工工艺流程、施工要点及质量控制方法。

复习思考题

1. 常用的热拌沥青混合料有哪些类型？各自适用性如何？
2. 简述沥青混凝土路面施工工艺流程。
3. 若出厂的混合料出现花白料，请问可能存在什么问题？如何避免？
4. 沥青混合料拌和中出现混合料没有色泽的原因有哪些？如何避免？
5. 沥青混合料拌和中出现枯料的原因有哪些？如何避免？
6. 沥青混合料成品的储存有何规定？
7. 混合料的运输中应注意的主要问题是什么？
8. 沥青混合料摊铺过程中，为什么应对摊铺温度随时检查并作好记录？
9. 沥青混合料摊铺过程中，摊铺层的高程如何控制？
10. 沥青混凝土路面施工时，碾压分哪几个阶段？各阶段的作用如何？
11. 沥青混凝土路面的碾压过程中，应从哪些方面严格控制碾压质量？

12. 沥青混凝土路面施工时横向接缝有几种施工方法？适用性如何？
13. SMA 面层施工与沥青混凝土面层施工相比有哪些不同？
14. 沥青混凝土路面施工交工验收时的质量检查项目有哪些？
15. 沥青面层施工过程中，沥青面层的厚度如何检测？
16. 沥青路面面层的施工压实度如何定义？如何检验与评定？
17. 沥青路面平整度的检测方法有哪些？适用性如何？
18. 沥青路面抗滑性能指标有哪些？如何检测？

习题

1. 沥青混合料路面的“离析”问题

(1) 背景材料

某高速公路采用沥青混凝土路面，上面层 4cm，采用 SMA-13 型结构，中面层 6cm，采用 AC-20 型结构，下面层 7cm，采用 AC-25 型结构，基层采用 35cm 二灰碎石，底基层采用二灰土，基层顶面按二次洒布工艺做一层下封层。沥青面层的三阶段配合比设计是严格按照规范进行的。

当年 10～12 月份施工的沥青下面层，在第二年 2～3 月的检查时，发现有局部离析现象，尤其在下雨天或雨刚停时，主要呈现为块状离析和条带状离析，即表面粗料较多，细料较少，粗细料分布不够均匀。由于沥青路面离析会严重影响沥青路面水稳定性和抗变形能力，因此要处理。

经调查，将离析现象分为三类：第一类芯样表面离析，但较密实，倒水检查时不渗漏；第二类芯样表面离析，内部有小孔隙，倒水检查时基本上不渗漏；第三类芯样内部空隙较多、倒水检查时很快渗漏。

(2) 问题

1) 试从集料与温度两方面分析沥青混合料路面的“离析”现象产生的原因。

2) 试针对三类离析现象提出相应的处理建议。

3) 结合自己的认识，总结沥青面层施工中的防离析措施。

2. 新铺沥青面层的“松散”问题

(1) 背景材料

某高速公路路面工程，位于山岭重丘地段，主线路面面层采用 16cm 厚沥青混凝土，其中抗滑表层为 4cm 厚 AK-13A 型，中面层为 5cm 厚 AC-16 型，下面层为 7cm 厚 AC-25 型，设计沥青均为 AH-70 重交通沥青；基层为水泥（5.0%）稳定碎石；底基层填方路段为低剂量水泥（3.5%）稳定碎石，挖方路段为级配碎石。

根据路面招标提供的参考资料，沥青路面所用集料均为当地高速公路沿线采石场提供的料源，上面层 AK-13A 所用的碎石为玄武岩，中、下面层碎石为一种红色的凝灰岩。

在沥青路面中面层 AC-16 试验路铺筑过程中，中面层在碾压成形过程中产生了混合料松散的现象，且与下面层的黏结性较差。试验路铺筑后的第二天，工人用铁锹就很容易地能把中面层铲除，沥青路面的边缘部位用脚也能轻易地将沥青混凝土推松、推散。

根据观察施工时的原始记录发现，红色凝灰岩石与普通 SK AH-70 沥青拌和后，产生了下列现象。

1）拌和后的沥青混合料呈“枯料”，局部粗集料表面有未粘沥青的花白料。

2）施工现场，运料在向摊铺机料斗中倾卸沥青混合料时，有明显的液体从车厢尾部流出，特别是在早上气温相对较低时尤其明显，经测试，这种液体是水。

3）沥青混合料变软，碾压时该结构层沥青混合料发生了纵向推移，同时产生大量的横向细裂缝，尤其是钢轮压路机振压过程中，路面越压越不实，越压越松散。

4）中面层试验段施工结束后，在中面层中，大吨位自卸车进行紧急制动及压路机进行起动和制动过程中，中、下层发生了明显的层间位移。其中一个取芯孔，在中面层和下面层之间发生了明显的错位，位移达 2～3cm。

5）中、下层之间的层间黏结力差，取芯样常在中、下层之间发生断裂。

6）沥青混合料在摊铺后温度下降较快，给碾压带来一定困难，常发生压实度不够，经测试，平均压实度为 97.6%，不符合设计要求＞98%。

调查时，对集料各项指标进行检测，结果如表 4.9 所示。

表 4.9　集料各项指标的检测结果

指标	测试结果
石料压碎值/%	18.2
洛杉矶磨耗损失/%	16.5
视密度/（t/m^3）	2.67
吸水率/%	3.4
对沥青黏附性	3 级
细长扁平颗粒含量/%	11.8
水洗法＜0.075mm 颗粒含量/%	0.6

（2）问题

1）试分析造成试验段沥青路面松散的主要原因。

2）结合自己的认识，谈谈可以采取什么措施解决此问题。

实训

实训一

绘制沥青混凝土路面施工工艺流程图，注明控制要点。

实训二

利用工程实例，编制沥青路面面层的施工方案。

1）教师给出工作任务：结合某工程实际编制公路沥青面层施工方案，并对施工中的质量问题进行分析，提出解决方案。

某合同段主线路面面层设计为中粒式沥青混凝土 4cm，中粒式沥青混凝土 5cm，粗粒式沥青混凝土 7cm。采用沥青混凝土拌和设备厂拌法拌和，沥青混凝土摊铺机摊铺，采用 14t 双钢轮振动压路机、轮胎压路机碾压施工。

沥青混凝土面层开工时间计划为 2009 年 6 月 10 日，计划最迟完工时间为 2009 年 12 月 10 日，沥青混凝土（分 3 层）总工程量 472 971m^2，施工期为 183 天，日平均铺筑施工强度计算为 2586m^2/天。

2）学生结合《公路沥青路面施工技术规范》（JTG F40—2004）学习相关知识。学习过程中可以充分利用各校现有的多媒体教学资源进行，比如演示施工录像、施工图片、施工动画等。

3）学生分成 5～6 个学习小组，每个学习小组完成一个施工方案的编制，教师随堂指导。

4）教师给出施工环节中容易出现的问题，学生进行可能的原因分析，提出解决方案，教师汇总，并予以点评。学生课后进行总结。

沥青路面摊铺中的质量问题主要有离析、松散、平整度差、厚度不准、密实度不够、局部粗糙、拖痕等。

注意：

施工方案的编写格式如下。

沥青路面面层施工方案

1. 工程概况
2. 编制依据（相关规范、标准、施工合同、施工组织设计等）
3. 施工准备
4. 主要机械
5. 施工组织机构及劳动力组织

6. 施工方法（包括混合料的拌和、运输、摊铺、压实、接缝的处理等）
7. 施工质量控制
8. 施工安全措施及文明施工措施

实训三

施工现场参观实习

（1）实习目的

1）了解沥青路面施工工地试验室的组成及工作内容。

2）熟悉沥青面层混合料的配合比设计。

3）了解沥青拌和楼的性能特点及沥青混合料的生产流程。

4）熟悉沥青路面施工工艺及质量控制要点。

（2）实习内容

1）在沥青路面施工实验室听取实验室主任介绍工地试验室的组成及工作内容，介绍沥青混凝土的配合比设计内容及有关路用性能检验。

2）参观工地试验室，了解有关实验仪器及试验项目。

3）教师向学生讲解有关沥青混凝土目标配合比、施工配合比和施工配合比验证的知识。

4）在沥青混合料拌和楼，听取施工单位技术员介绍沥青混合料拌和楼的型号及性能特点，介绍沥青混凝土的生产流程及质量控制要点，参观拌和楼；教师讲解热料仓与冷料仓的不同，目标配合比与生产配合比之间偏差产生的原因。

5）在沥青路面施工现场，听取现场监理工程师对沥青混凝土面层施工工艺及质量控制措施的介绍，观看沥青混凝土摊铺及碾压施工过程；教师向学生强调沥青混合料现场施工中要注意的质量控制要点：施工的温度、摊铺机的行走速度及夯锤的调整、压路机的碾压组合等。

（3）组织方式

1）教师组织实习动员，教师应向学生介绍实习的目的和要求，主要实习内容及时间安排，实习中应注意的事项，应特别强调在实习中的安全注意事项。

2）带队教师根据实习要求及就近合适的沥青路面施工工地，提前联系具体实习时间、实习地点及乘车路线，并落实好现场所要了解的主要内容。

3）学生以小组的方式进行实训，采用组长负责制，组织实训过程（含小组讨论），进行施工现场实习。

4）整理实习成果并完成实习报告。

（4）实习要求

实习过程中，学生必须认真听取指导教师及工程技术人员的讲解，深入操作现场，仔细听、虚心问，主动参与，深入了解，并切实做好实习笔记，必要时绘制有关草图。当天实习内容最好尽量当天进行整理、消化吸收，当天的重点和难点以小组的形式进行总结和讨论。实习结束后，每人要提交一份实习报告，实习报告要求文字简练条理清楚、概念明确、数据准确、图纸整洁。

（5）所需资料

参观实习工地的在建沥青路面工程的相关设计资料；沥青混合料配合比设计资料表格；实习报告要求；现场记录本等。

项目4.2 沥青贯入式路面施工及质量控制

教学目标

1. 掌握沥青贯入式路面的概念及其适用情况
2. 掌握沥青贯入式路面的施工工艺流程、施工要点及质量控制方法
3. 结合工程实例，能分析沥青表面处治路面施工环节中的质量问题

4.2.1 沥青贯入式路面施工基本知识

1. 沥青贯入式路面简述

沥青贯入式路面是在初步压实的碎石层上，分层浇洒沥青、撒布嵌缝料，或再在上部铺筑热拌沥青混合料封层，经压实而成的沥青路面。

沥青贯入式结构层是一种多孔结构，它的强度主要依靠碎石之间的嵌挤锁结作用，沥青只起黏结碎石的作用，故温度稳定性较好，抗滑性能也好，其厚度宜为40～80mm。为了防止路表水的浸入，沥青贯入式路面应设置封层。沥青贯入式路面施工较简便，不需要复杂的机具，但对碎石材料的要求较高，沥青用量也不宜控制，并且施工质量同操作者的技术水平和经验有很大关系。下部采用层铺法施工，上部铺筑热拌沥青混合料封层形成的沥青路面也叫做上拌下贯沥青路面。其总厚度宜为70～100mm，其中拌和层的厚度宜为25～40mm。它属于贯入式结构层，但综合了贯入式和热拌沥青混合料的施工特点，具有成型快，质量易控制，平整度较好等优点。

2. 一般规定

沥青贯入式路面的一般规定有以下几点。

- 沥青贯入式路面适用于三级及三级以下公路，也可作为沥青路面的联结层或基层。
- 沥青贯入式路面的厚度宜为4～8cm，但乳化沥青贯入式路面的厚度不宜超过5cm。当贯入层上部加铺拌和的沥青混合料面层成为上拌下贯式路面时，拌和层的厚度宜不小于1.5cm。
- 沥青贯入式路面的最上层应撒布封层料或加铺拌和层。沥青贯入层作为联结层使用时，可不撒表面封层料。
- 沥青贯入式路面宜选择在干燥和较热的季节施工，并宜在日最高温度降低至

15℃以前半个月结束，使贯入式结构层通过开放交通碾压成型。

3. 材料规格和用量

(1) 沥青贯入式路面的集料

沥青贯入层的集料应选择有棱角、嵌挤性好的坚硬石料，其规格和用量宜根据贯入层厚度按表4.10选用，上拌下贯式路面的材料规格和用量按表4.11选用。当使用破碎砾石时，其破碎面应符合现行的《公路沥青路面施工技术规范》(JTG F40—2004)的要求。沥青贯入层主层集料中大于粒径范围中值的数量不宜少于50%。表面不加铺拌和层的贯入式路面在施工结束后每1000m^{2}宜另备2～3m^{3}与最后一层嵌缝料规格相同的细集料等供初期养护使用。主层集料最大粒径宜与贯入层厚度相当。当采用乳化沥青时，主层集料最大粒径可采用厚度的0.8～0.85，数量宜按压实系数1.25～1.30计算。

(2) 沥青贯入层的结合料

沥青贯入层的结合料可采用道路石油沥青、煤沥青或乳化沥青，用量应按表4.10和表4.11选用，沥青标号按现行施工技术规范要求选用。

(3) 材料规格和用量

贯入式路面各层分次沥青用量应根据施工气温及沥青标号等在规定范围内选用。在寒冷地带或当施工季节气温较低、沥青针入度较小时，沥青用量宜用高限。在低温潮湿气候下用乳化沥青贯入时，应按乳液总用量不变的原则进行调整，上层较正常情况适当增加，下层较正常情况适当减少。

表4.10 沥青贯入式路面材料规格和用量

(用量单位：集料为m^3/1000m^2，沥青及沥青乳液为kg/m^2)

沥青品种	石油沥青					
厚度/cm	4		5		6	
规格和用量	规格	用量	规格	用量	规格	用量
封层料	S14	3～5	S14	3～5	S13 (S14)	4～6
第三遍沥青		1.0～1.2		1.0～1.2		1.0～1.2
第二遍嵌缝料	S12	6～7	S11 (S10)	10～12	S11 (S10)	10～12
第二遍沥青		1.6～1.8		1.8～2.0		2.0～2.2
第一遍嵌缝料	S10 (S9)	12～14	S8	12～14	S8 (S6)	16～18
第一遍沥青		1.8～2.1		1.6～1.8		2.8～3.0
主层石料	S5	45～50	S4	55～60	S3 (S4)	66～76
沥青总用量	4.4～5.1		5.2～5.8		5.8～6.4	

续表

沥青品种	石油沥青				乳化沥青			
厚度/cm	7		8		4		5	
规格和用量	规格	用量	规格	用量	规格	用量	规格	用量
封层料	S13 (S14)	4～6	S13 (S14)	4～6	S13 (S14)	4～6	S14	4～6
第五遍沥青								0.8～1.0
第四遍嵌缝料							S14	5～6
第四遍沥青						0.8～1.0		1.2～1.4
第三遍嵌缝料					S14	5～6	S12	7～9
第三遍沥青		1.0～1.2		1.0～1.2		1.4～1.6		1.5～1.7
第二遍嵌缝料	S10 (S11)	11～13	S10 (S11)	11～13	S12	7～8	S10	9～11
第二遍沥青		2.4～2.6		2.6～2.8		1.6～1.8		1.6～1.8
第一遍嵌缝料	S6 (S8)	18～20	S6 (S8)	20～22	S9	12～14	S8	10～12
第一遍沥青		3.3～3.5		4.4～4.2		2.2～2.4		2.6～2.8
主层石料	S2	80～90	S1 (S2)	95～100	S5	40～45	S4	50～55
沥青总用量	6.7～7.3		7.6～8.2		6.0～6.8		7.4～8.5	

注：1. 煤沥青贯入式的沥青用量可较石油沥青用量增加15%～20%。

2. 表中乳化沥青是指乳液的用量，并适用于乳液浓度约为60%的情况，如果浓度不同，用量应予换算。

3. 在高寒地区及干旱风沙大的地区，可超出高限，再增加5%～10%。

表4.11 上拌下贯式路面的材料规格和用量

（用量单位：集料 $m^3/1000m^2$；沥青及沥青乳液 kg/m^2）

沥青品种	石油沥青					
厚度/cm	4		5		6	
规格和用量	规格	用量	规格	用量	规格	用量
第二遍嵌缝料	S12	5～6	S12 (S11)	7～9	S12 (S11)	7～9
第二遍沥青		1.4～1.6		1.6～1.8		1.6～1.8
第一遍嵌缝料	S10 (S9)	12～14	S8	16～18	S8 (S7)	16～18
第一遍沥青		2.0～2.3		2.6～2.8		3.2～3.4
主层石料	S5	45～50	S4	55～60	S3 (S2)	66～76
沥青总用量	3.4～3.9		4.2～4.6		4.8～5.2	

沥青品种	石油沥青		乳化沥青			
厚度/cm	7		5		6	
规格和用量	规格	用量	规格	用量	规格	用量
第四遍嵌缝料					S14	4～6
第四遍沥青						1.3～1.5
第三遍嵌缝料			S14	4～6	S12	8～10
第三遍沥青				1.4～1.6		1.4～1.6
第二遍嵌缝料	S10 (S11)	8～10	S12	9～10	S9	8～12
第二遍沥青		1.7～1.9		1.8～2.0		1.5～1.7
第一遍嵌缝料	S6 (S8)	18～20	S8	15～17	S6	24～26

续表

沥青品种	石油沥青		乳化沥青			
厚度/cm	7		5		6	
规格和用量	规格	用量	规格	用量	规格	用量
第一遍沥青 主层石料	S2（S3）	4.0～4.2 80～90	S4	2.5～2.7 50～55	S3	2.4～2.6 50～55
沥青总用量	5.7～6.1		5.9～6.2		6.7～7.2	

注：1. 煤沥青贯入式的沥青用量可较石油沥青用量增加 15%～20%。
2. 表中乳化沥青是指乳液的用量，并适用于乳液浓度约为 60%的情况。
3. 在高寒地区及干旱风沙大的地区，可超出高限，再增加 5%～10%。
4. 表面加铺拌和层部分的材料规格及沥青（或乳化沥青）用量按热拌沥青混合料（或乳化沥青碎石混合料路面）的有关规定执行。

4.2.2 沥青贯入式路面施工及质量控制

1. 沥青贯入式路面施工程序

沥青贯入式路面施工工艺流程如下，实际施工时根据撒布嵌缝料和洒布沥青的遍数予以调整。

清扫基层→施工放样→喷洒透层或黏层沥青（乳化沥青贯入式或沥青贯入式厚度小于 5cm）→摊铺主层矿料→碾压→洒布第一遍沥青→撒布第一遍嵌缝料→碾压→洒布第二遍沥青→撒第二遍嵌缝料→碾压→洒布第三遍沥青→撒封层料→碾压→初期养护。

2. 施工技术要点

(1) 施工准备

① 准备下承层　施工前，先检测其下承层高程、宽度、横坡度，然后人工清扫其表面，做到表面干燥、清洁，无松散的石料、灰尘与杂质。

② 施工放样　其步骤如下。

第一步☞ 恢复中线。直线段每 15～20m 设一桩，平曲线段每 10～15m 设一桩，并在两侧路肩边缘外设指示桩。

⇩

第二步☞ 挂钢丝绳。根据水平测量，在两侧钢筋桩上挂 $\phi3$ 钢丝绳，钢丝绳的高度以设计高确定，并用紧线器拉紧。摊铺机根据两侧的钢丝绳控制标高和横坡。

③ 乳化沥青贯入式路面必须浇洒透层或黏层沥青　其施工见单元 2。

(2) 摊铺主层矿料

采用碎石摊铺机、平地机或人工摊铺主层集料。铺筑后严禁车辆通行。

(3) 碾压主层集料

撒布后应采用 6～8t 的轻型钢筒式压路机自路两侧向路中心碾压，碾压速度宜为 2km/h，每次轮迹重叠约 30cm，碾压一遍后检验路拱和纵向坡度，当不符合要求时，应调整找平后再压。然后用重型的钢轮压路机碾压，每次轮迹重叠轮宽的 1/2 左右，宜碾压 4～6 遍，直至主层集料嵌挤稳定，无显著轮迹为止。

(4) 浇洒第一层沥青

浇洒方法与沥青表面处治施工相同。采用乳化沥青贯入时，为防止乳液下漏过多，可在主层集料碾压稳定后，先撒布一部分上一层嵌缝料，再浇洒主层沥青。

(5) 撒布第一层嵌缝料

采用集料撒布机或人工撒布，撒布后尽量扫匀，不足处应找补。当使用乳化沥青时，石料撒布必须在乳液破乳前完成。

(6) 碾压第一层嵌缝料

立即用 8～12t 钢筒式压路机碾压嵌缝料，轮迹重叠轮宽的 1/2 左右，宜碾压 4～6 遍，直至稳定为止。碾压时随压随扫，使嵌缝料均匀嵌入。因气温较高使碾压过程中发生较大推移现象时，应立即停止碾压，待气温稍低时再继续碾压。

(7) 浇洒第二层沥青、撒第二层嵌缝料

按上述方法浇洒第二层沥青、撒第二层嵌缝料，然后碾压，再浇洒第三层沥青。

(8) 撒布封层料

按撒布嵌缝料方法撒布封层料。

(9) 碾压

采用 6～8t 压路机作最后碾压，宜碾压 2～4 遍，然后开放交通。

沥青贯入式路面开放交通后应按现行施工技术规范的要求控制交通，作初期养护。

3. 沥青贯入式路面施工过程中的质量控制

沥青贯入式路面施工过程中质量检查的内容、频度、允许偏差应符合表 4.12 的规定。

表 4.12　沥青贯入式路面施工过程中工程质量的控制标准

项　目	检查频度及单点检验评价方法	质量要求或允许偏差	试验方法
外观	随时	集料嵌挤密实，沥青洒布均匀，无花白料，接头无油包	目测
集料及沥青用量	每日 1 次总量评定	±10%	每日施工长度的实际用量与计划用量比较，T 0982
沥青洒布温度	每车 1 次逐点评定	符合施工技术规范规定	温度计测量
厚度	每 $2000m^2$ 一点逐点评定	−5mm 或设计厚度的−8%	T 0912
平整度（最大间隙）	随时，以连续 10 尺的平均值评定	8mm	T 0931
宽度	检测每个断面	±30mm	T 0911
横坡度	检测每个断面	±0.5%	T 0911

4. 沥青贯入式路面交工验收阶段质量检验

(1) 基本要求

沥青贯入式路面交工验收阶段质量检验的基本要求如下。

- 沥青材料的各项指标应符合设计要求和施工规范。
- 各种材料的规格和用量应符合设计要求和施工规范，上拌沥青混凝土混合料每日应做抽提试验和马歇尔稳定度试验。
- 碎石层必须平整坚实、嵌挤稳定，沥青贯入应深透，浇洒应均匀，不得污染其他构筑物。
- 嵌缝料必须趁热撒铺，扫料均匀，不应有重叠现象。
- 上层采用拌和料时，混合料应均匀一致，无花白和粗细分离现象，摊铺平整，接茬平顺，及时碾压密实。
- 沥青贯入式面层施工前，应先做好路面结构层与路肩的排水。

(2) 质量检验评定标准

沥青贯入式路面交工验收阶段的检查项目、检查频度、质量要求或允许偏差等见表 4.13。

表 4.13　公路沥青贯入式面层（或上拌下贯式面层）交工检查与验收质量标准

检查项目		检查频度（每一侧车行道）	质量要求或允许偏差	试验方法
外观		全线	密实，不松散	目测
厚度①	代表值	每 200m　1 点	−5mm 或−8%H	T 0921
	极值	每 200m　1 点	15mm	T 0921
路表平整度	标准差	全线连续	3.5mm	T 0932
	IRI	全线连续	5.8m/km	T 0933
	最大间隙	每 1km10 处，各连续 10 尺	8mm	T 0931
宽度	有侧石	每 1km　20 个断面	±30mm	T 0911
	无侧石	每 1km　20 个断面	不小于设计宽度	T 0911
纵断面高程		每 1km　20 个断面	±20mm	T 0911
横坡度		每 1km　20 个断面	±0.5%	T 0911
沥青用量		每 1km　1 点	±0.5%	T 0722
矿料用量		每 1km　1 点	±5%	T 0722

① 当设计厚度≥60mm 时，按厚度百分率控制；当设计厚度<60mm 时，按厚度不足的毫米数控制。H 为厚度（mm）。

（3）外观鉴定

外观鉴定应注意以下 3 点。

- 表面应平整密实，不应有松散、裂缝、油包、油丁、波浪、泛油等现象，有上述缺陷的面积之和不超过受检面积的 0.2%。不符合要求时，每超过 0.2%减 2 分。
- 表面无明显碾压轮迹。不符合要求时，每处减 1～2 分。
- 面层与路缘石及其他构筑物应密贴接顺，无积水现象。不符合要求时，每一处减 1～2 分。

小　结

通过本项目的学习，要求掌握沥青贯入式路面的基本概念、适用情况，掌握其施工工艺流程、施工要点及质量控制方法。

复习思考题

1. 什么沥青贯入式路面？其适用性如何？
2. 沥青贯入式路面的特点如何？
3. 写出沥青贯入式路面的施工工艺流程图。

4. 沥青贯入式路面的施工要点有哪些?

5. 沥青贯入式路面交工验收阶段的检查项目有哪些?

习题

1. 背景材料

某合同段 $K0+000\sim K4+800$ 面层结构采用沥青贯入式结构层，厚度 5cm，宽度 4.5m，面积 21 600m^2，计压实体积 1080m^3。

采用摊铺机摊铺主层集料，集料撒布机撒布嵌缝料和封层料，沥青洒布车洒布乳化沥青，钢筒式压路机及振动压路机碾压。施工中出现了以下质量问题：

1）沥青喷洒不均匀，出现油包、泛油现象，尤其沥青喷洒结合部。

2）嵌缝料撒布不均匀，出现叠料、花白现象。

2. 问题

根据上述资料分析施工中出现上述质量问题的原因，并简要提出可以采取的措施。

项目4.3 沥青表面处治路面施工及质量控制

教学目标

1. 掌握沥青表面处治路面的概念及其适用情况
2. 掌握沥青表面处治路面的施工工艺流程、施工要点及质量控制方法
3. 了解沥青同步碎石封层的应用

4.3.1 沥青表面处治路面施工

1. 沥青表面处治路面简述

沥青表面处治路面是指用沥青和集料按层铺法铺筑而成的厚度不超过 3cm 的沥青面层。

当采用乳化沥青作结合料时，称为乳化沥青表面处治路面。

沥青表面处治结构层按层铺的次数及厚度可分为：单层式（厚度 10～15mm）、双层式（厚度 15～25mm）和三层式（厚度 25～30mm）。

沥青表面处治结构层按嵌锁原则修筑而成。它的主要作用是抵抗车轮磨耗，增强抗滑和防水能力，提高平整度，改善路面的行车条件。为了保证石料间有良好的锁结作用，同一层石料的颗粒尺寸要均匀。为了防止石料松散，所用的沥青必须有足够的稠度。层铺法表面处治在施工完毕后，需经过行车，特别是夏季行车的作用，使其石料取得最稳定的嵌紧位置，并同沥青黏结牢固，这一过程称为“成型”阶段，由于成型期较长，加之质量不易保证，层铺法表面处治应注意初期养护。

2. 一般规定

沥青表面处治路面施工的一般规定有：

- 沥青表面处治适用于三级及三级以下公路的沥青面层。各种封层适用于加铺薄层罩面、磨耗层、水泥混凝土路面上的应力缓冲层、各种防水和密水层、预防性养护罩面层。
- 沥青表面处治与封层宜选择在干燥和较热的季节施工，并在最高温度低于 15℃ 到来前半个月及雨季前结束。

3. 材料规格与用量

沥青表面处治可采用道路石油沥青、乳化沥青、煤沥青铺筑，沥青标号应按现行

施工技术规范相关规定选用。沥青表面处治的集料最大粒径应与处治层的厚度相等，其规格和用量宜按表4.14选用。沥青表面处治施工后，应在路侧另备S12（5～10mm）碎石或S14（3～5mm）石屑、粗砂或小砾石2～3m^3/1000m^{2}作为初期养护用料。

表4.14　沥青表面处治材料规格和用量

沥青种类	类型	厚度/mm	集料/（m^3/1000m^2）			沥青或乳液用量/（kg/m^2）			
			第一层	第二层	第三层	第一次	第二次	第三次	合计用量
			规格和用量	规格和用量	规格和用量				
石油沥青	单层	1.0	S12　7～9			1.0～1.2			1.0～1.2
		1.5	S10 12～14			1.4～1.6			1.4～1.6
	双层	1.5	S10 12～14	S12　7～8		1.4～1.6	1.0～1.2		2.4～2.8
		2.0	S9　16～18	S12　7～8		1.6～1.8	1.0～1.2		2.6～3.0
		2.5	S8　18～20	S12　7～8		1.8～2.0	1.0～1.2		2.8～3.2
	三层	2.5	S8 18～20	S12 12～14	S12　7～8	1.6～1.8	1.2～1.4	1.0～1.2	3.8～4.4
		3.0	S6 20～22	S12 12～14	S12　7～8	1.8～2.0	1.2～1.4	1.0～1.2	4.0～4.6
乳化沥青	单层	0.5	S14 7～9			0.9～1.0			0.9～1.0
	双层	1.0	S12 9～11	S14　4～6		1.8～2.0	1.0～1.2		2.8～3.2
	三层	3.0	S6 20～22	S10　9～11	S12　4～6 S14 3.5～4.5	2.0～22	1.8～2.0	1.0～1.2	4.8～5.4

注：1. 煤沥青表面处治的沥青用量可比石油沥青用量增加15%～20%。
2. 表中的乳液用量按乳化沥青的蒸发残留物含量60%计算，如沥青含量不同应予折算。
3. 在高寒地区及干旱风沙大的地区，可超出高限5%～10%。

4.3.2　沥青表面处治路面施工及质量控制

1. 沥青表面处治路面施工

(1) 施工工艺及技术要点

下面以三层式沥青表面处治为例来说明层铺法沥青表面处治的施工工艺及技术要点。

① 清扫基层、喷洒透层油　在清扫干净的碎（砾）石路面上或各类基层上铺筑沥青表面处治时，应喷洒透层油。在旧沥青路面、水泥混凝土路面、块石路面上铺筑沥青表面处治路面时，可在第一层沥青用量中增加10%～20%，不再另洒透层油或黏层油。

② 洒布第一层沥青　施工时应采用沥青洒布车喷洒沥青。其洒布长度应与矿料撒布能力相协调。沥青要洒布均匀，当发现洒布沥青后有空白、缺边时，应立即用人工补洒，有积聚时应立即刮除。洒布设备的喷嘴应适用于沥青的稠度，确保能成雾状，与洒油管成15°～25°的夹角，洒油管的高度应使同一地点接受2～3个喷油嘴喷洒的沥青，不得出现花白条。

沥青洒布温度应根据施工气温以及沥青标号确定，一般情况下，石油沥青宜为130～170℃，煤沥青宜为80～120℃，乳化沥青宜在常温下洒布。加温洒布的乳液温度不得超过60℃。前后两车喷洒的接茬处用铁板或建筑纸铺1～1.5m，使搭接良好。分几幅浇洒时，纵向搭接宽度宜为100～150mm。洒布第二、三层沥青的搭接缝应错开。

③ *铺撒第一层矿料*　洒布主层沥青后应立即用集料撒布机或人工撒布第一层主集料。撒布集料后应及时扫匀，达到全面覆盖、厚度一致、集料不重叠、也不露出沥青的要求。局部有缺料时适当找补，积料过多的将多余集料扫出。两幅搭接处，第一幅洒布沥青应暂留100～150mm宽度不撒布石料，待第二幅一起撒布。

④ *碾压*　撒布主集料后，不必等全段撒布完，立即用6～8t钢筒双轮压路机从路边向路中心碾压3～4遍，每次轮迹重叠约300mm。碾压速度开始不宜超过2km/h，以后可适当增加。

⑤ *第二、三层的施工方法*　第二、三层的施工方法和要求应与第一层相同，但可以采用8t以上的压路机碾压。

⑥ *初期养护*　沥青表面处治施工后，应进行初期养护。当发现有泛油时，应在泛油部位补撒与最后一层矿料规格相同的嵌缝料并扫匀。当有过多的浮动矿料，应扫出路外。

(2) 施工注意事项

施工应注意的事项有：

- 双层式或单层式沥青表面处治浇洒沥青及撒布集料的次数相应减少。
- 喷洒沥青材料时应对道路人工构造物、路缘石等外露部分作防污染遮盖。
- 沥青表面处治施工应确保各工序紧密衔接，每个作业段长度应根据施工能力确定，并在当天完成。人工撒布集料时应等距离划分段落备料。
- 除乳化沥青表面处治应待破乳、水分蒸发并基本成型后方可通车外，沥青表面处治在碾压结束后即可开放交通，并通过开放交通补充压实，成型稳定。在通车初期应设专人指挥交通或设置障碍物控制行车，限制行车速度不超过20km/h，严禁畜力车及铁轮车行驶，使路面全部宽度均匀压实。

2. 沥青同步碎石封层施工

沥青同步碎石封层即用同步碎石封层车将沥青与一定规格、干净的碎石同步喷洒在原路面上，经过胶轮碾压机和行驶车辆的自然碾压，形成一种以沥青为结合料的碎石封层（磨耗层）。与传统的碎石封层相比，其主要的特点有：良好的防滑性、防水性、对原路面病害的修复作用好、施工工期短、施工工艺简单、实用性强、应用范围广，同时降低了道路养护成本。

(1) 施工工艺流程

沥青同步碎石封层的施工工艺流程如下：

原有旧路面的处理→施工材料的准备→沥青同步碎石封层车现场喷洒→胶轮压路机碾压→开放交通→清扫路面、回收剩余骨料。

(2) 施工技术要点

沥青同步碎石封层施工技术要点有以下 5 点。

- 封层前要对原路面进行认真清扫，作业过程中应保证足够数量的胶轮压路机以便在沥青温度降低之前或乳化沥青破乳后能及时完成碾压工序。另外，封层后即可通车，但在初期应限制车速，待 2h 后可完全开放交通，从而防止快速行车造成石子飞溅。
- 使用改性沥青作为黏结料时，为保证雾状喷洒而形成均匀、等厚度的沥青膜，必须保证沥青的温度在 160～170℃范围内。
- 同步碎石封层车的喷油嘴高度不同，所形成的沥青膜厚度会不同（因为各个喷嘴喷出的扇形雾状沥青重叠情况不同），通过调整喷嘴高度使得沥青膜的厚度符合要求。
- 同步碎石封层车应以适宜的速度均匀行驶，在此前提下石料和黏结料两者的撒布率必须匹配。
- 作为表面处治层或磨耗层的碎石封层，其使用条件是原路面平整度和强度满足要求。

3. 沥青表面处治路面施工过程中的质量控制

沥青表面处治路面施工过程中质量检查的内容、频度、允许偏差应符合表 4.15 的规定。

表 4.15　沥青表面处治施工过程中工程质量的控制标准

项目	检查频度及单点检验评价方法	质量要求或允许偏差	试验方法
外观	随时	集料嵌挤密实，沥青洒布均匀，无花白料，接头无油包	目测
集料及沥青用量	每日 1 次逐日评定	±10%	每日施工长度的实际用量与计划用量比较，T 0982
沥青洒布温度	每车 1 次评定	符合规范规定	温度计测量
厚度（路中及路侧各 1 点）	不少于每 $2000m^2$ 一点，逐点评定	−5mm	T 0912
平整度（最大间隙）	随时，以连续 10 尺的平均值评定	10mm	T 0931
宽度	检测每个断面逐个评定	±30mm	T 0911
横坡度	检测每个断面逐个评定	±0.5%	T 0911

4. 沥青表面处治路面交工验收阶段质量检验

(1) 基本要求

沥青表面处治路面交工验收阶段质量检验的基本要求如下。

- 在新建或旧路的表层进行表面处治时，应将表面的泥沙及一切杂物清除干净，底层必须坚实、稳定、平整，保持干燥后才可施工。
- 沥青材料的各项指标和石料的质量、规格、用量应符合设计要求和施工规范的规定。
- 沥青浇洒应均匀，无露白，不得污染其他构筑物。
- 嵌缝料必须趁热撒铺，撒布均匀，不得有重叠现象，压实平整。

(2) 交工检查与验收质量标准

沥青表面处治路面交工验收阶段的检查项目、检查频度、质量要求或允许偏差等见表 4.16。

表 4.16　公路沥青表面处治面层交工检查与验收质量标准

检查项目		检查频度 (每一侧车行道)	质量要求或允许偏差	试验方法
外观		全线	密实，不松散	目测
厚度	代表值	每 200m 每车道 1 点	−5mm	T 0921
	极值	每 200m 每车道 1 点	−10mm	T 0921
路表平整度	标准差	全线每车道连续	4.5mm	T 0932
	IRI	全线每车道连续	7.5m/km	T 0933
	最大间隙	每 1km 10 处，各连续 10 尺	10mm	T 0931
宽度	有侧石	每 1km　20 个断面	±3cm	T 0911
	无侧石	每 1km　20 个断面	不小于设计宽度	T 0911
纵断面高程		每 1km　20 个断面	±20mm	T 0911
横坡度		每 1km　20 个断面	±0.5%	T 0911
沥青用量		每 1km　1 点	±0.5%	T 0722
矿料用量		每 1km　1 点	±5%	T 0722

(3) 外观鉴定

外观鉴定应注意以下 3 点。

- 表面平整密实，不应有松散、油包、油丁、波浪、泛油、封面料明显散失等现象，有上述缺陷的面积之和不超过受检面积的 0.2%。不符合要求时，每超过 0.2%减 2 分。
- 无明显碾压轮迹。不符合要求时，每处减 1～2 分。

- 面层与路缘石及其他构筑物应密贴接顺，不得有积水现象。不符合要求时，每处减1～2分。

小　　结

通过本项目的学习，要求掌握沥青表面处治路面的概念、适用情况，掌握其施工工艺流程、施工要点及质量控制方法，了解沥青同步碎石封层的原理及其施工要点。

复习思考题

1. 什么是沥青表面处治路面？其适用性如何？
2. 沥青表面处治路面的特点如何？
3. 写出沥青表面处治路面的施工工艺流程图。
4. 沥青表面处治路面的施工要点有哪些？
5. 沥青表面处治路面交工验收阶段的检查项目有哪些？
6. 什么是沥青同步碎石封层？其施工工艺流程如何？

项目 4.4 沥青路面病害及其防治

教学目标

1. 掌握沥青路面常见病害类型、产生原因及其处治措施
2. 掌握稀浆封层与微表处在沥青路面养护中的应用

4.4.1 沥青路面病害分类及其成因

汽车在路面上行驶，除了克服各种阻力外，还会通过车轮把垂直力和水平力传给路面，另外，路面还会受到车辆的振动力和冲击力作用，在车身后面还会产生真空吸力作用。在上述各种外力的综合作用下，路面结构内会产生大小不同的压应力、拉应力和剪应力。如果这些应力超过了路面结构整体或某一组成部分的强度，路面就会出现开裂、沉陷、波浪、松散和磨损等各种病害。另外，路面结构袒露于大气和自然环境之中，经常受到温度和水分变化的影响，其力学性能也就随之不断发生变化，这也是病害产生的另一个重要因素。

1. 裂缝

裂缝是沥青路面最常见的破损类型之一。它的危害在于从裂缝中不断进入水分使基层甚至路基软化，导致路面承载能力下降，加速路面破坏。

(1) 裂缝种类

① 龟裂、网裂　龟裂是缝宽 3mm 以上，且多数缝距 10cm 以内，面积 $1m^2$ 以上的块状不规则裂缝。网裂是缝宽 1mm 以上或缝距 40cm 以上，面积在 $1m^2$ 以上的裂缝。龟裂网裂通常是由于路面整体强度不足、基层软化、稳定性不良等原因引起的。沥青路面老化变脆，也会发展成网状裂缝。

② 纵向裂缝　一种情况由于路基压实度不均匀，路面不均匀沉陷而引起的，如发生在半填半挖处的裂缝；另一种情况是沥青面层分幅摊铺时两幅接茬未处理好，在行车荷载作用下易形成纵缝；有时车辙边缘也会有纵向裂缝。

③ 横向裂缝　横向裂缝可分为荷载性裂缝和非荷载性裂缝两大类，荷载性裂缝是由于路面设计不当或施工质量低劣，或由于车辆严重超载，致使沥青面层或半刚性基层内产生的拉应力超过其疲劳强度而裂缝。非荷载性裂缝是横向裂缝的重要形式，它有两种情况：沥青面层温度收缩性裂缝和基层反射性裂缝。

(2) 产生裂缝的主要原因

产生裂缝的主要原因有以下几种：

- 施工基层碾压不实，或新旧接缝处理不当而形成裂缝。
- 面层以下含水率逐年积聚，在不利季节引起路面强度降低而产生裂缝。
- 沥青混合料质量差，碾压温度又不当，引起的碾压裂缝。
- 混合料摊铺时间过长，由于基层温度、湿度的变化，结构发生胀缩而产生裂缝。
- 结合料老化，面层性能退化，路面整体强度不足。

2. 车辙

车辙是路面上沿行车轨迹方向产生的深度在1.5cm以上的纵向带状凹槽。车辙在行车荷载重复作用下，有扩展和累积的趋势，车辙面积按实有长度乘以变形部分的平均值计算。车辙类型及其成因如下。

(1) 结构性车辙

由于荷载作用超过路面各层的强度，发生在沥青面层以下包括路基在内的各结构层的永久变形。这种车辙宽度较大，两侧没有隆起现象，横断面成凹字形。

(2) 流动性车辙

在高温条件下，车轮碾压反复作用，荷载应力超过沥青混合料的稳定度极限，使流动变形不断累积形成车辙。这种车辙一方面车轮作用部位下凹，另一方面车轮作用甚少的车道两侧反而向上隆起，在弯道处还明显向外推挤，车道线或停车线因此可能成为变形的曲线。

(3) 磨损性车辙

由于车辆不断地磨损路面，特别是大量重型超载车辆渠道化地行驶在主车道上，磨损路面也会形成车辙。

(4) 压实不足性车辙

这属于非正常情况车辙，是由于施工控制不严引起的。由于沥青面层本身压实不足，致使通车后的第一个高温季节混合料继续压密，在交通车辆的反复碾压作用下，空隙率不断减小，达到极限残余空隙率才稳定。它不仅产生压实变形，而且平整度迅速下降，形成明显的车辙，这种由于施工不良造成的非正常性车辙在我国是非常突出的。

3. 松散、麻面、坑槽

松散、麻面、坑槽的表状为表层矿料松动、出现麻坑，表层局部不平凹陷。坑槽的深度一般大于2cm，面积在0.04m^2以上。沥青路面的坑槽往往都有一个形成过程，起初局部龟裂松散，在行车荷载和雨水等自然因素综合作用下逐步形成坑槽。

产生松散、麻面、坑槽的主要原因有：

- 嵌缝料粒径不当，用料不合比例，或初期养护嵌缝料未回归而散失。

- 低温季节施工，工序未衔接，油与料结合不良，矿料飞散，轻则出现麻面，重则出现坑槽。
- 表面用油量偏少，结合料加温过度，失去黏结力而松散，形成麻面、坑槽。
- 雨季施工，矿料潮湿，或用酸性矿料未作处治而散失成麻面、坑槽。
- 由于基层压实不够，强度不均，基层不平，面层渗水，局部先破损而形成坑槽。

4. 泛油、油包、拥包

泛油是指高温时沥青渗出面层的现象。油包是指路面面层零散分布疙瘩状突起物的现象。拥包是指面层出现的堆挤、滑动成隆起形变的现象。

造成泛油、油包和拥包的主要原因有：

- 单位面积用油量过大或矿料不足，或因低温施工，加大用油量而造成泛油。
- 用油量偏高、黏滞度低，或路拱偏大、气温高，面层受行车拥挤成包。
- 初期养护处治泛油时，用料过细而形成油包，或者形成拥包。
- 由于材料质量差，油石比不当，面层高温时发软，碾成拥包。
- 基层局部含水量大，面层与基层黏结不良，高温时堆挤成拥包。

5. 沉陷

沉陷有均匀沉陷、不均匀沉陷和局部沉陷三种类型。产生沉陷的主要原因有：

- 基层局部强度不足或水稳性不良引起沉陷。
- 超载重的大型车通过。
- 面层混合料质量差。
- 土基压实度不够或路基有隐患未处理好。
- 桥涵台背因填土不密实出现不均匀沉降。

6. 搓板、波浪

搓板是指路面表层呈现洗衣搓板状有规则的横向波浪的破损现象。波浪是指面层纵向产生波浪状的破损现象。产生搓板和波浪的主要原因有：

- 面层铺设于原有波浪或搓板的路面上而产生反射变形。
- 路基和基层未曾全面压实，或压实度不够，通过行车水平力作用而变形，造成波浪。
- 施工时基层浮土清除不净或石灰土养生期不足即铺路面面层而形成搓板。
- 沥青洒布不均形成油垄，沥青多的地方矿料厚，沥青少的地方矿料薄，经行车撞击而形成搓板或波浪。
- 矿料偏细偏多，混合料级配不好，沥青稠度偏低，用油量过多而形成抗剪强度低、塑性大的软油层，在连续行车作用下，连续推移形成搓板。

- 交叉口、停车站、陡坡路段因行车水平力较大、震动而形成搓板或波浪。

7. 脱皮

沥青面层局部被车轮粘起，成层脱落的现象称为脱皮。产生脱皮的主要原因有：

- 面层与基层之间有黏结不良的地方。
- 上拌、下贯两层之间或罩面与原路面之间结合不好而成层松脱。
- 面层矿料质量差、含土、潮湿，或施工过碾，而成层脱皮。

8. 啃边

路面边缘被行车碾压，形成边缘松散、破碎、折裂，造成路面边缘参差不齐的现象，称为啃边。产生啃边的主要原因有：

- 由于交通量增大，路面宽度不足，或因不设路缘石而未作边部加固，边部因行车超压而引起啃边。
- 路面与路肩衔接不顺，路肩横坡过大，或因路肩坑槽积水而导致啃边。
- 路面平面交叉道口处，未设必要的平台，边缘易被压坏。

9. 弹簧翻浆

弹簧翻浆表现为路面呈现弹簧状或冒水翻浆。产生弹簧翻浆的主要原因有：

- 基层结构不密实，水稳性不良，含水量增大，聚水冻融而翻浆。
- 基层强度不够，灰土拌和不均，碾压不实，含水量大，低温施工，灰土未及成形而冻融翻浆。
- 在中湿或潮湿地带，地下水未处理好，边沟又积水滞流，或在山丘有地下潜流等而造成弹簧翻浆。

4.4.2 沥青路面病害修补施工

路面常见病害的处理，应针对各种破损产生的原因、路面结构类型、龄期、修理季节的气候等实际情况，采取行之有效的修理方法。

1. 裂缝的修补方法

由于路面基层温缩、干缩引起的纵、横向裂缝，缝宽在6mm以内的，宜将缝隙刷扫干净，并用压缩空气吹去尘土后，采用热沥青和乳化沥青灌缝撒料法封堵；缝宽在6mm以上的，应剔除缝内杂物和松动的缝隙边缘，或沿裂缝开槽后用压缩空气吹净，采用砂粒式或细粒式热拌沥青混合料填充、捣实，并用烙铁封口，随即撒砂、扫匀；也可以采用乳化沥青混合料填封。

对轻微的裂缝，在高温季节可采用喷洒沥青撒料压入法修理，或进行小面积封层，在低温、潮湿季节宜采用阳离子乳化沥青封层或采用相应级配的乳化沥青稀浆封层。

因土基、路面基层的病害或强度不足引起的破损，首先应处理土基或基层，然后再修复路面。

因路面沥青性能不好或路龄较长，产生较大面积的裂缝，但强度尚好时，通过技术经济比较，可选用下列修补方法：

- 乳化沥青稀浆封层。
- 加铺沥青混合料上封层，或先铺设土工布，再在其上加铺沥青混合料上封层。
- 橡胶沥青薄层罩面。

2. 车辙的维修方法

属于表面磨损过度出现的车辙，应按下列方法修补：

- 采用路面铣刨机或风镐翻松车辙表面一定深度（如 10～20mm），并清除干净。
- 铺筑前先喷洒 0.3～0.5kg/m^2 黏层沥青。
- 采用与原路面结构相同的沥青混合料铺筑，恢复路面横坡。
- 周围接茬处要铺平合、碾压密实。

属于路面横向推挤形成横向波形车辙，可按处理路面沉陷的方法进行修补。

3. 路面松散、坑槽的维修方法

(1) 路面松散的维修方法

① 低温施工造成路面松散　因低温施工而造成沥青面层麻面或松散的，可收集好松散料，待气温上升到 20℃以上时，将松散部位清扫干净，重做喷油封层，喷洒热沥青 0.8～1.0kg/m^2 后，撒 3～5mm 厚的石屑或粗砂（5～8m^3/100m^2），并用轻型压路机压实。如在低温潮湿季节，可用乳化沥青封层处理。

② 油温过高造成路面松散　由于油温过高，黏结料老化而造成松散者，应挖除重铺。

③ 基层或土基松软变形造成的路面松散　由于基层或土基松软变形而引起的松散，应先处理基层或土基的病害，而后重做路面。

④ 因酸性石料造成的路面松散　如因采用酸性石料与沥青黏附性差而造成松散，则应在沥青中掺加抗剥离剂、增黏剂或用干燥的生石灰、消石灰粉、水泥作为填料的一部分，或用石灰浆处理粗集料等抗剥离措施，改善沥青与矿料的黏附力，从而提高沥青混合料的水稳性。

(2) 路面坑槽的维修方法

① 路面基层完好，仅面层有坑槽时的维修　其方法又包含常规法修补和热补法修补。

常规法修补的要点如下：

• 按照“圆洞方补，斜洞正补”的原则，划出大致与路中心线平行或垂直的挖槽修补轮廓线（正方形或长方形）。
• 沿所划轮廓线开凿至坑底稳定部分，其深度不得小于原坑槽的最大深度。
• 清除槽底、槽壁的松动部分及粉尘、杂物，并涂刷黏层沥青。
• 填入沥青混合料（在潮湿或低温季节，采用乳化沥青拌制的混合料）并整平、压实。如果坑槽较深（7cm 以上），应将沥青混合料分两次或三次摊铺和压实。

热补法修补的步骤为：采用热修补养护车，用加热板加热坑槽处路面，翻松被加热软化铺装层，喷洒乳化沥青，加入新的沥青混合料，然后搅拌摊铺，压路机压实成型。

② 若因基层局部强度不足等使基层破坏而形成的坑槽　应先处治基层，再修复面层。

4. 路面油包、拥包、泛油的维修方法

(1) 路面油包的维修方法

路面油包的维修方法有以下 2 种：
• 在气温较高时（或用加热器烘烤发软后），将油包铲除，然后找补平整，再用烙铁烙平。
• 属于油丁或洒漏形成的油包，在气温高时铲去即可。

(2) 路面拥包的维修方法

路面拥包的维修方法有以下 3 种：
• 对于轻微而已趋稳定的轻微拥包，可在高温时直接铲平。
• 由于基层强度不足或基层松软，形成的较大面积拥包，应将基层挖除，重新铺筑基层，然后再重作面层。
• 由于面层原因引起的较严重的拥包，应在气温较高时（或用加热器烘烤发软后）铲除，然后洒一层黏层沥青，重新铺筑沥青混合料，找平压实；面层较厚、拥包范围较大、气温较低时，可采用铣刨机铣平，洒一层黏层沥青，随即撒一层 3～6mm 的石屑，扫匀，用轮胎压路机碾压即可。

(3) 路面泛油的维修方法

路面泛油的维修方法有以下几种：
• 对于泛油路段，应先取样作抽提试验，求算出油石比，然后确定不同的处治措施。
• 含油量高的严重泛油路段，一般在高温季节撒料强压处理，先撒一层 S10（10～15mm）或更粗一些的碎石，用重型压路机强行压入，达到基本稳定后，再分次撒 S12（5～12mm）的碎石，引导行车碾压成型。
• 泛油较重路段，根据情况可先撒 S12（5～12mm）的碎石，待稳定后，再撒

S14（3～5mm）的石屑或粗砂，引导行车碾压成型。

- 轻度泛油，可撒S14（3～5mm）的石屑或粗砂，通过行车碾压至不粘轮为度。
- 撒料必须先撒粗料后撒细料，撒布要均匀、无堆积、无空白，均匀压入。
- 在行车碾压过程中，要及时扫回飞散的集料，待泛油稳定后将多余的集料清扫回收。

5. 沉陷的维修方法

① 仅由于面层不均匀沉陷引起的裂缝和轻微下沉　若土基和基层都已密实稳定，可对沉陷部分拉毛、扫净，洒黏层沥青后把沉陷部分填补到与原路面平齐。

② 因土基或基层结构遭破坏而引起的沉陷　应先将土基和基层修理好后，再修复面层。

③ 因路基沉陷导致路面严重破损，矿料已经松动、脱落形成坑槽的　应按照坑槽的修补方法予以处治。

④ 桥涵台背因填土不密实出现不均匀沉降的　可以采取以下处治方法：

- 挖除沥青面层，在沉陷部分加铺基层后重做面层。
- 对于台背填土密实度不够的，用夯实机械重新做压实处理。
- 对软土基宜换土处理，换土深度应视软土基层厚度而定。填换材料要选用强度高、透水性好的级配材料，如砂砾、碎石土、工业废渣等。
- 采用注浆加固处理。

6. 搓板的维修方法

搓板的处理方法一般情况下采用挖铺法。有时也可在波谷分层撒适当粒径的矿料和沥青材料，并分层捣实找平。

7. 脱皮的维修方法

脱皮的处理方法是：先将脱皮处清理干净，再用和面层相同的混合料修补，碾压密实，然后放车通行。

8. 啃边的维修方法

啃边处理时，应采用针对性的措施：若基层宽度不足，应加宽基层（每边不小于25cm），或增设路缘石。若是路肩强度不够，应采用矿料加固路肩，并注意保持路肩与路面的衔接处平顺和排水畅通。

9. 路面翻浆处治方法

① 轻微翻浆　由于面层渗水引起基层轻度发软而形成轻微翻浆的，可在晴天干燥

时，清理干净后，修补平整。

② 因基层渗水较严重而引起的翻浆 应根据情况采用以下方法予以处治：

- 挖除软土基，换填透水性好的天然级配砂砾。
- 局部发生翻浆路段，可以采用打石灰梅花桩或水泥稳定砂砾桩的办法予以改善。
- 加深边沟，并在翻浆路段两侧路肩上交错开挖30～40cm的横沟，其间距为2～4m，沟底纵坡≥3%，沟深应根据实际情况，逐渐加深，直至路面基层以下，横沟的外口一定要高于边沟的沟底，若路面翻浆严重，除挖横沟外，还应顺路面边缘设置纵向小盲沟，交通量较小的路段，也可挖成明沟，但翻浆停止后，应将明沟填平恢复原状。
- 因基层水稳性不良或含水量过大造成的翻浆，应挖去面层及基层全部松软部分，换填透水性良好的砂砾或工业废渣，分层（每层不超过20cm）填补压实，最后重做面层。

4.4.3 稀浆封层与微表处施工

1. 稀浆封层与微表处简述

为封闭路面表面空隙、防止水分浸入而在沥青面层或基层上铺筑的有一定厚度的沥青混合料薄层，称为封层，其中铺筑在沥青面层表面的封层称为上封层，铺筑在沥青面层下面、基层表面的封层称为下封层。当前广泛使用的封层有稀浆封层和微表处两种类型。

（1）稀浆封层与微表处的概念

稀浆封层是指用适当级配的石屑或砂、填料（水泥、石灰、粉煤灰、石粉等）与乳化沥青、外掺剂和水，按一定比例拌和而成的流动状态的沥青混合料，将其均匀地摊铺在路面上形成的沥青封层。微表处是指采用适当级配的石屑或砂、填料（水泥、石灰、粉煤灰、石粉等）与聚合物改性乳化沥青、外掺剂和水按一定比例拌和而成的流动状态的沥青混合料，将其均匀地摊铺在路面上形成的沥青封层。

（2）稀浆封层与微表处的作用

稀浆封层和微表处在材料组成和使用功能上有差异，它们的主要作用有如下几个方面：

- 混合料较细，具有较好的流动性，很容易进入微裂缝和小坑槽中，将路面填充密实成为整体。因此具有封闭裂缝和提高路面平整度的作用。
- 混合料中集料级配合理，能均匀、牢固、密实地黏附在路面上，具有较好的水稳性并防止水分渗透，保持基层稳定。
- 集料的强度、压碎值、磨光值、含泥量等性能指标均达到标准要求，不论是酸性和碱性石料都能很好地黏附在路面上，有一定的耐磨性，在路面上形成磨耗层。

- 由于选择了坚硬而有棱角的集料，沥青又能均匀地裹覆集料。封层后纹理深度较佳，摩擦系数显著增加，具有良好的抗滑性能。
- 可恢复路面性能，延长路面使用寿命，在路面养护中有施工简单，造价低廉，功能恢复强的特点。

(3) 分类

稀浆封层按照矿料粒径的不同，可分为 ES-1 型（公称最大粒径 2.36mm）、ES-2 型（公称最大粒径 4.75mm）和 ES-3 型（最大粒径 9.5mm）三种，单层厚度分别为 2.5～3mm、4～7mm、8～10mm；微表处按照矿料粒径的不同，可分为 MS-2 型（公称最大粒径 4.75mm）和 MS-3 型（最大粒径 9.5mm）两种，单层厚度分别为 4～7mm 和 8～10mm 两种。

(4) 适用范围

微表处主要用于高速公路及一级公路的预防性养护以及填补轻度车辙，也适用于新建公路的抗滑磨耗层。稀浆封层一般用于二级及二级以下公路的预防性养护，也适用于新建公路的下封层。

2. 稀浆封层与微表处施工技术要点

(1) 稀浆封层与微表处对材料的要求

① 沥青　微表处必须采用改性乳化沥青，稀浆封层可采用普通乳化沥青或改性乳化沥青，其品种和质量应符合现行《公路沥青路面施工技术规范》(JTG F40—2004) 的要求。

② 集料　稀浆封层和微表处应选择坚硬、粗糙、耐磨、洁净的集料。各项性能应符合现行施工技术规范的要求。其中微表处用通过 4.75mm 筛的合成矿料的砂当量不得低于 65%，稀浆封层用通过 4.75mm 筛的合成矿料的砂当量不得低于 50%。当用于抗滑表层时，还应符合现行施工技术规范对磨光值的要求。细集料宜采用碱性石料生产的机制砂或洁净的石屑。对集料中的超粒径颗粒必须筛除。

③ 矿料级配　根据铺筑厚度、处治目的、公路等级等条件，按照现行施工技术规范的规定选用合适的矿料级配。

④ 混合料　稀浆封层和微表处的混合料中乳化沥青及改性乳化沥青的用量应通过配合比设计确定。混合料的质量应符合现行施工技术规范的技术要求。

(2) 稀浆封层与微表处施工要点

① 下卧层的准备　稀浆封层和微表处施工前，应彻底清除原路面的泥土、杂物，修补坑槽、凹陷，较宽的裂缝宜清理灌缝。在水泥混凝土路面上铺筑微表处时宜洒布黏层油，过于光滑的表面需拉毛处理。

② 混合料拌制　混合料的拌制宜采用拌和厂机械拌和的方式。当采用阳离子乳化

沥青拌和时，宜先用水使集料湿润，若湿润后仍难于与乳液拌和均匀时，应改用破乳速度更慢的乳液，或用1%～3%浓度的氯化钙水溶液代替水润湿集料表面。混合料适宜的拌和时间应根据实际情况调节并通过试拌确定，矿料中加进乳液后的机械拌和时间不宜超过30s，人工拌和时间不宜超过60s。

③ 混合料摊铺　稀浆封层和微表处必须使用专用的摊铺机进行摊铺。单层微表处适用于旧路面车辙深度不大于15mm的情况，超过15mm的必须分两层铺筑，或先用V字形车辙摊铺箱摊铺，深度大于40mm时不适宜微表处处理。

④ 接缝处理　稀浆封层和微表处两幅纵缝搭接的宽度不宜超过80mm，横向接缝宜做成对接缝。分两层摊铺时，第一层摊铺后至少应开放交通24h后方可进行第二层摊铺。

⑤ 施工气温控制　稀浆封层和微表处的最低施工温度不得低于10℃，严禁在雨天施工，摊铺后尚未成型混合料遇雨时应予铲除。

⑥ 施工过程质量控制　稀浆封层和微表处铺筑后的表面不得有超粒径料拖拉的严重划痕，横向接缝和纵向接缝处不得出现余料堆积或缺料现象，用3m直尺测量接缝处的不平整度不得大于6mm。对微表处不得有横向波浪和深度超过6mm的纵向条纹。经养生和初期交通碾压稳定的稀浆封层和微表处，在行车作用下应不飞散且完全密水。

3. 施工过程中工程质量的控制标准

为保证稀浆封层、微表处的施工效果，施工过程中应按照表4.17进行施工质量的控制。

表4.17　稀浆封层、微表处施工过程中工程质量的控制标准

项目		检查频度及单点检验评价方法	质量要求或允许偏差	试验方法
外观		随时	表面平整，均匀一致，无拖痕，无显著离析，接缝顺畅	目测
油石比		每日1次总量评定	±0.3%	每日实际沥青用量与总集料数量，总量检验
厚度		每公里5个断面	±10%	钢尺测量，每幅中间及两侧各1点
矿料级配/mm	0.075	每日1次取2个试样筛分的平均值	±2%	T 0725
	0.15		±3%	
	0.3		±4%	
	0.6、1.18、2.36、4.75、9.5		±5%	
湿轮磨耗试验		每周1次	符合设计要求	从工程取样按T 0752进行

小　结

通过本项目的学习，要求掌握沥青路面常见的病害的类型、成因及其处治措施。掌握稀浆封层与微表处在沥青路面养护中的应用。

复习思考题

1. 沥青路面常见的病害类型有哪些？简要叙述其产生原因。
2. 何为稀浆封层、微表处？其适用条件如何？
3. 稀浆封层、微表处的施工过程包括哪些环节？
4. 稀浆封层、微表处施工过程中应对哪些项目进行检测？

实训

编写微表处的应用案例报告

1. 背景材料

某高速公路在七年的运营中，承担了繁重的交通运输，加之近年来大型运输车辆的增多，运输负荷再度加重，使得沥青路面出现了车辙、裂缝、龟裂、坑槽、沉陷等病害。为改善其使用功能，在旧路面上加铺微表处磨耗层。

(1) 选用材料

精品防滑石料、壳牌沥青、液体SBS改性剂（全国独家生产）、美国威斯威克乳化剂、添加剂等。

(2) 选用设备

美国VSS封层车、德国戴纳派克小型设备、杭州美通智能洒布车、其他配套设备等。

(3) 施工

微表处的施工流程：路况调查→病害处治→封闭管制交通→清扫路面→黏层油洒布→施工放样、摊铺→碾压→开放交通。

① 路况调查　调查结果显示，典型病害有车辙、裂缝、坑槽、沉陷等。

② 病害处治　裂缝处理时，清除缝中杂物吹净尘土，先灌入专用灌缝料，再贴上专用拉网防止裂缝反射，然后注入乳化沥青。对坑槽、沉陷、龟裂严重进行挖补处理的，根据损坏情况画出轮廓线，沿轮廓线开槽至稳定部分清除槽底、槽壁的松动部分及粉尘、杂物，涂刷改性乳化沥青黏层油，填入沥青混凝土整平用压路机压实。

③ 封闭交通　为了保证施工安全，摆放交通标志进行交通管制。

④ 清扫路面　封层前，先清扫路面杂物，污染严重的用高压水枪冲洗，空压机吹干和吹去灰尘。

⑤ 喷洒黏层油　用全智能沥青洒布机喷洒改性乳化沥青黏层油。

⑥ 施工放样　按照摊铺宽度对工作面进行施工放样处理，确保封层机按照规定的路线行驶。

⑦ 封层车摊铺

（4）微表处使用效果检测

按规范规定对其施工质量（抗滑性能、渗水系数等）进行检测，各项性能指标均满足规范要求。

（5）微表处使用效果总结

其总结内容包含以下几点。

- 耐磨防滑、行车安全好。
- 保护路面、更不易渗水。
- 环保、无有害气体挥发。
- 高温稳定和低温抗裂。
- 高效施工，开放交通快。
- 节约成本、工程造价低。

2. 根据上述资料完成以下案例分析报告

微表处施工案例分析报告格式如表 4.18 所示。

表 4.18　微表处施工案例分析报告

项目名称	
背景材料	
处治方案	
材料设备	
工艺流程	
检测项目	
效果总结	

主要参考文献

胡长顺，黄辉华．1994. 高等级公路路基路面施工技术［M］．北京：人民交通出版社．

金桃，张美珍．2009. 公路工程检测技术［M］．第 3 版．北京：人民交通出版社．

廖正环，郭小宏，刘燕．2001. 高速公路机械化施工与组织管理［M］．北京：人民交通出版社．

文德云，彭富强．2006. 路基路面施工技术［M］．北京：人民交通出版社．

吴幼松，余清河．2007. 公路机械化施工与管理［M］．北京：清华大学出版社，北京交通大学出版社．

徐培华，郑南翔，徐玮．2005. 高等级公路路基路面施工质量控制技术［M］．北京：人民交通出版社．

杨文渊，徐犇．2006. 简明公路施工手册［M］．北京：人民交通出版社．

姚占勇．2006. 道路施工常用数据手册［M］．北京：人民交通出版社．

于芝．2003. 公路水泥混凝土、沥青路面设计、施工及质量控制实用手册［M］．北京：金版电子出版公司．

张思梅，柴换成．2008. 道路建筑材料［M］．北京：中国水利水电出版社．

中华人民共和国行业标准．2000. 公路工程沥青及沥青混合料试验规程（JTJ 052—2000）［S］．北京：人民交通出版社．

中华人民共和国行业标准．2000. 公路路面基层施工技术规范（JTJ 034—2000）［S］．北京：人民交通出版社．

中华人民共和国行业标准．2004. 公路沥青路面施工技术规范（JTG F40—2004）［S］．北京：人民交通出版社．

中华人民共和国行业标准．2004. 公路工程质量检验评定标准（JTG F80/1—2004）［S］．北京：人民交通出版社．

中华人民共和国行业标准．2005. 公路工程集料试验规程（JTG E42—2005）［S］．北京：人民交通出版社．

中华人民共和国行业标准．2006. 公路沥青路面设计规范（JTG D 50—2006）［S］．北京：人民交通出版社．

中华人民共和国行业标准．2007. 公路土工试验规程（JTG E40—2007）［S］．北京：人民交通出版社．

中华人民共和国行业标准．2008. 公路路基路面现场测试规程（JTG E60—2008）［S］．北京：人民交通出版社．

中华人民共和国行业标准．2009. 公路工程无机结合料稳定材料试验规程（JTG E51—2009）［S］．北京：人民交通出版社．